어른을 위한 영어 수업

어른을 위한 영어 수업

인생
두 번째 영어를
만나다

채서영 지음

BOOKERS

다시 영어 공부를 시작하려는 분들에게

저는 영문과 교수입니다. 그래서 어떤 분들은 제게 부족한 발음을 지적받지나 않을까 걱정하고 영어 단어 하나 쓰기도 꺼려진대요. 혹은 제가 셰익스피어나 조이스의 문학을 강의하는 까칠한 평론가일 거라고 짐작하기도 합니다. 죄송하지만 전 영문학이 아닌 언어학 전공이며 흔히 생각하듯 영어를 가르치지도 않습니다. 실제로 저는 '언어학 개론', '언어와 사회'같이 일반인들에겐 조금 생소한 과목을 담당하지요.

세부 전공은 언어와 사회의 관계를 다루는 사회언어학이지만 언어학 개론도 강의합니다. 인간의 언어에 대해 다루는 기초이기 때문에 모든 어문학과의 필수 코스거든요. 참, 같은 '개론'이긴 하지만 예전 영화의 〈건축학 개론〉처럼 낭만적이지는 않습니다. 언어는 누구나 늘 사용하는 것이라 제법 알고 있다고 여기는데, 막상 수업에서는 새로운 개념이 등장하고 이론이 잔뜩 소개되기 때문이지요. 저 자신도 어렵게 배웠고 학생들 대부분이 생각보다 어려운 과목이라고 생각하는 만큼, 저는 이 과목을 재미있게 강의하고 학생들이 언어 자체에 흥미를 갖게 만드는 것을 제 인생 미션 중 하나로 삼고 있습니다.

언어학 개론은 참 좋은 과목입니다. 언어에 대해 기초적인 내용을 배우고 나면 아주 큰 무기 하나를 얻게 되기 때문이에요. 세상 어떤 언어를 만나도 피하기보다 호기심을 갖게 해 주고 마음만 먹으면 빠르게 익힐 준비를 갖추어 줍니다. 증명해 줄 사람이 많습니다. 우선 호주에 살고 있는 한 졸업생이 생각납니다. 그는 졸업 후 대기업 무역 부문에 취직했고 곧장 모스크바 주재원으로 발령이 나서 갑자기 러시아어를 배워야 했습니다. 그런데 그는 동료들에 비해 훨씬 쉽고 빠르게 러시아어를 익혔대요. 그 이유가 졸업반일 때 언어학 개론을 수강해 언어의 기초를 이해하고 난 직후라 그랬던 것 같다고 하더군요.

그렇다면 언어학 개론에서 다루는 내용을 영어 배우는 데에도 적용하면 어떨까 싶지요? 그것이 영문과 학생들에게 언어학 개론을 필수적으로 수강하게 하는 이유이기도 해요. 사실 영어는 노력과 비용 대비 좀처럼 성과가 나기 어려운 과목입니다. 영어가 우리말과 다른 점이 많거든요. 하지만 우리에 겐 학창 시절에 배운 영어의 기초가 잘 장착되어 있지요. 언어 의 기본 구조를 익히고 우리말과의 차이점을 차근차근 살펴 본다면 영어를 더 깊이 이해하는 데에 큰 도움이 된다고 생각 해요.

그래서 저의 이런 생각을 담아 2021년에 《영어는 대체 왜 그런가요》를 출간했습니다. 하지만 언어학의 접근법 자체가 좀 딱딱해서인지 그리 쉽게 읽히지는 않았어요. 그런데 다행 히 이 책을 계기로 좀 더 대중에게 다가갈 기회를 갖게 됐습니 다. 〈중앙일보〉 한경환 편집장님이 주말판 신문에 한 섹션을 연재해 달라고 제안하셨고, 또한 북커스의 이동은 주간님이 영어에 관련된 좀 더 대중적인 에세이의 출간을 제안하셨어 요. 그래서 신문 연재를 시작한 김에 그것을 마무리하면 책으 로 만들겠다고 약속드렸지요. 이 책이 나오게 된 배경입니다.

챗지피티(ChatGPT)가 편지를 다듬어 주고 AI 번역기가 휴대 전화에 내장되어 거의 실시간 통역을 해 주는 요즘에도 우리 는 여전히 영어 때문에 고민합니다. 왜 그럴까요? 아무리 AI 가 윤문을 해 주고 통역을 해 주어도 국제화 시대의 공용어가 된 영어는 스스로 잘하는 편이 살아가는 데 여러모로 유리하기 때문이지요. 입시 위주의 교육을 받은 대부분의 한국인들은 학교를 졸업해서 영어를 손에서 놓으면 그렇게 마음이 편해진다고 해요. 하지만 곧 영어가 필요한 일이 나타나서 다시 손에 잡게 된다죠? 절실하거나 긴급한 일이 없더라도 영어는 마치 끝내지 못한 숙제처럼 '조금만 더 잘하면 좋겠는' 영역으로 남아 때때로 마음을 괴롭힙니다.

최근에는 영어에 새삼 신경 쓰게 만드는 새로운 이유가 생긴 분들이 있더군요. 영국인 사위를 본 장인 장모, 미국에 사는 손주와 이야기하고 싶은 할머니 할아버지, 유학 보낸 자녀를 살펴 주어야 하는 학부모, 영어 잘하는 부하 직원에게 밀리고 싶지 않은 중견 회사원, 외국인 동료가 생긴 직장인, 외국인 환자를 맞이한 의사, 외고에 진학한 형제자매에게 부끄럽고 싶지 않은 학생 등이죠. 잠시 영어에 소홀했지만 이제라도 잘하고 싶은 상황과 마음에 저도 공감이 됩니다.

그래서 영어를 처음 배우던 날부터 궁금증 많던 제 경험을 살려 이번 책에 담아야겠다고 생각했습니다. 여전히 영어에 관심이 있고 영어를 조금이라도 잘하고 싶은 어른들이 읽다 보면 '영어 별거 아니구나, 할 만하네…'라는 느낌이 드는 재미있고 유익한 영어 이야기를 들려드리고자 합니다. 저와 함께 영어의 여러 단면을 두루 살펴보다 보면 여러분도 영어가 좀 더 쉽게 이해되고 영어와 보다 가까워지게 될 것이라고 믿습니다.

이 책은 〈중앙일보〉에 일 년간 연재했던 '채서영의 별별영어'라는 짤막한 칼럼을 기초로 했습니다. 내용은 단행본에 맞게 수정하고 보완했으며, 새로 쓰기도 했습니다. 연재가 끝나면 책으로 내기로 출판사와 약속했지만, 원고를 손에 다시 잡기가 꽤 힘들었어요. 난청과 어지럼증이라는 오래된 지병이 도졌고, 신문과 달리 마감 시간이 없으니 조급할 것이 없었어요.

그러던 어느 날, 십여 년 전 오지에서 알게 된 여행 선배들과 이야기를 나누다가 마음을 다잡게 됐어요. 이분들은 여행을 무척 사랑해서 영어로 외국인들과 맘껏 소통하는 것이 로망이에요. 그렇지만 몇 년을 두고 동네 영어 수업에 참여하고 미드를 켜 놔도 영어가 거의 늘지 않는다고 하시더라고요. 비슷한 분들이 많겠다는 생각이 들었습니다. 이런 분들에게 쉽고 친절하게 영어라는 언어를 소개한다면 영어 공부를 재미있고 흥미로운 일로 바꿔드릴 수 있겠다 싶었어요.

그러니 이 책을 펴시면 저의 여행 친구가 되신 듯 마음 편히 영어를 주제로 담소 나눈다고 여겨 주세요. 이야기하듯 편하게 쓴 말투를 이해해 주시고요. 읽다 보면 영어가 조금 밉거나 야속했더라도 곧 친구가 될 수 있을 겁니다. 저와 함께하는 영어의 여정에서 더 넓고 깊어진 삶의 여유와 즐거움을 발견하시길 바랍니다.

　　　　　　　　　　　　　　　　　　새 봄을 맞이하며
　　　　　　　　　　　　　　　　　　채서영

Prologue
다시 영어 공부를 시작하려는 분들에게

9

Contents

Prologue | 다시 영어 공부를 시작하려는 분들에게 · 4

첫 번째 수업 | **발음 공부**

굿모닝, 비얼! 처음 배운 영어 문장 · 16

뷰티풀 모닝 영어 말소리에 귀 기울이기 · 23

영어의 강세 혹은 스트레스(Stress) · 29

Hershey Chocolate r 발음하기 · 35

Merry Christmas! 크리스마스와 음절 구조 · 43

영어 발음이 좋아지는 비법 자주, 꾸준히 · 51

Diagonally와 Truman 소리 내어 따라 하기 · 59

Ralph Lauren 비슷한 듯 다른 소리들 · 66

두 번째 수업 | 단어 공부 1

이스터 에그(Easter Eggs) 부활절이라는 선물 · 76

프레지던트(President) 워싱턴의 생각 · 82

스프링(Spring) 다의어와 동의어 · 88

애플(Apple) 감사의 마음으로 · 94

브라우니 포인츠(Brownie Points) 생활에서 유래한 이디엄들 · 100

세 번째 수업 | 단어 공부 2

블레쓔!(Bless you!) 영향을 주고받는 소리의 법칙 · 108

매버릭(Maverick) 이름에서 유래한 단어들 · 114

유에프오(UFO) 이니셜리즘 단어들 · 119

지금 여기(Here and Now) 단어 형성의 원리 · 124

언버스데이(Unbirthday) 낯선 조합의 정체 · 130

풋볼 또는 사커(Football or Soccer) 축구에서 하나 되듯 · 135

네 번째 수업 | 문장 공부

영어 114 영어 연설 수업을 맡게 된 사연 · 144

영어 자기소개 시작의 중요성 · 150

파티 스피치 인생 최고의 날을 위하여 · 158

영어 이메일 쓰는 법 마음을 전하는 메시지 · 165

영어 말하기와 글쓰기의 기초 설득의 수사학 · 171

다섯 번째 수업 | 영어 문화권 이해하기

나를 부르는 여러 이름 Address Terms · 180

영어의 대명사 너, 혹은 당신 Thou and You · 186

같은 엄마라서 Lecturing Children · 193

엘리자베스 2세의 영어 Queen's English · 198

잉글랜드가 영국 아닌가요? England, Britain, UK · 206

사회적 방언에 대한 시선 Hungarian Princess · 212

전 세계의 다양한 영어 Beyond Prejudice · 218

여섯 번째 수업 | 넓은 세상의 영어 이야기

비즈니스 스몰 토크 더 가까이   · 228

영어의 수능해방일지 영어의 쓸모   · 234

영어를 향한 마음 꺾이지 마세요   · 240

어른의 영어 진심으로 응원합니다   · 245

Epilogue | 영어를 통해 더 넓은 세상과 소통하세요   · 252

첫 번째 수업

발음 공부

영어를 잘하기 위한 가장 중요하고
기초적인 것은 발음입니다.
학교를 졸업하고 한동안 영어를 소홀히 여겼던
사람들이라도 발음을 잘 익힌다면
자연스러운 영어 소통이 가능해집니다.
이제 저와 함께 발음 공부를 시작해 보세요.

굿모닝, 비얼!

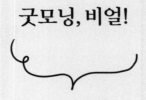

처음 배운 영어 문장

Good Morning! May your day start well and end better.

- Anonymous

좋은 아침! 아무쪼록 당신의 하루가 잘 시작되고 마무리는 더 잘되기를.

- 작자 미상

안녕하세요? 좋은 아침입니다! 어쩌다 제가 이 책을 쓰게 된 걸까 돌이켜 보니 'Good morning, Bill!' 바로 이 문장 때문이구나 싶어요. 제가 난생 처음 배운 영어 문장이랍니다.

요즘엔 유치원이나 초등학교 때부터 영어를 익히기 시작하지만 저는 중학생이 되어서 처음 영어를 배웠어요. 당시에는 초등학교 졸업과 중학교 입학 축하 선물이 주로 작은 베개만 한 영어사전이었죠. 혹시 보신 적 있나요? 요즘은 스마트폰으로 사전을 대신하니까 종이 사전을 보기 어렵죠. 그걸 '콘사이스'라고 불렀어요. 간결하게 만들었다는 의미의 콘사이스사전(Concise Dictionary)을 줄인 것인데, 얇디얇은 종이에 촘촘히 인쇄된 수많은 단어에 대한 설명과 예문까지 들춰 보자면 앞으로 배우게 될 영어가 기대되기는커녕 지레 겁을 먹게 만드는 물건이었죠. 심지어 한 장 다 외우면 찢어 내 씹어 먹는다는 엽기적인 선배들 이야기도 있어 더 겁이 났어요.

Good morning, Bill! '철수야, 안녕'의 영어판인 이 문장 때문에 제가 책을 쓴다는 건데, 어째 좀 이상하죠? 사실 이 문장 때문이라기보다는 이 문장 때문에 떠오른 일련의 생각 때문일 거예요. 그럼 촌스런 똑 단발에 헐렁한 블랙 앤 화이트 교복을 걸치고 앉아 호기심에 눈을 반짝이던 저의 첫 영어 시간으로 돌아가 볼까요?

칠판에 적힌 이 문장을 노트에 바삐 적고, 선생님을 따라 크게 소리 내어 읽고 있을 때였습니다. 제 짝이 연필을 꺼내더니 뭔가 살짝 적더라고요. 곁눈질해 보니 영어 문장 밑에 깨알만하게 '굿모닝, 비얼!'이라고 한글로 쓰는 게 아니겠어요?

그 순간 갖가지 생각이 들었죠. '비얼'이라고? '빌'이 아니고? 왜 두 글자야? 갑자기 굿모닝도 '굿', '굳', '귿' 중 무엇으로 쓰는 게 좋을지 헷갈리기 시작했어요. 들리는 대로 적었구나 싶었지만, 어떻게 써야 좋을지 확신이 들지는 않았죠. 그저 제 짝의 귀에는 '빌'이 아니고 '비얼'처럼 좀 길게 들렸나 보다 싶었어요. 그러다가 가만 있자, 영어는 남의 나라말인데 꼭 우리말로 옮겨 써야 하나? 아니 그럴 수 있기는 한 걸까? 하는 생각도 들었어요. 그러니까 이날 저는 처음으로 언어 간의 차이에 대해 관심을 갖게 되었습니다.

결국 저는 언어라는 주제를 공부하게 됐고, 영어를 우리말로 적지 않고 익히는 것이 더 효과적이라는 것을 알게 됐어요. 굳이 적어야 한다면 어떻게 적을지는 더 어려운 문제라는 것도 말이지요.

요즘도 가끔 비슷한 상황을 만나곤 합니다. 최근 TV에서 80세가 넘어 수능에 응시해 화제가 된 분이 공부하신 교재를 보여 주었는데, 거기엔 제 짝꿍처럼 영어를 한글 버전으로 깨알같이 적으셨더라고요. 어느 신문 칼럼에서는 인디아나와 인디애나, 타이타닉과 타이태닉 중 어느 게 맞는지를 고민하기도 하더군요.

이렇게 영어를 한국어로 적거나 어떻게 적을지 신경을 쓰는 건 영어가 그만큼 우리 일상에서 많이 쓰이기 때문이겠죠? 하긴 익숙한 모국어를 사용해 외국어를 이해하려는 시도는 아주 자연스러운 일이에요. 저 역시 일본어를 처음 배웠을 때, 한국어로 잔뜩 적으면서 아주 그대로 적었다고 여긴 적이 있어요. 하지만 소리와 문자는 서로 아주 다른 것이라 어느 언어에서도 말소리를 글자로 똑같이 적는 일은 불가능에 가깝습니다.

특히 우리는 한글로 전 세계의 모든 말소리를 적을 수 있다고 믿지만 실상은 그렇지 않죠. 한글의 우수성은 물론 엄청나지만, 한글 역시 모든 말소리를 다 적을 수 없다는 문자의 한계를 갖고 있어요. 쉬운 예로 영어 철자 f, v, th에서 주로 나는 소리를 한글로 적을 수 있나요? 아니죠. 엄밀히 말하면 같은 사람이 같은 언어를 말해도 매번 똑같은 소리가 나는 것도 아니라서 어떤 문자도 결코 소리를 정확하게 표현해 내지 못합니다.

그렇다면 소리와 문자 중 더 중요한 것은 어느 쪽일까요? 문화의 측면에서는 문자가 중요하다고 볼 수 있지만, 언어라는 체계의 근본적인 형태에서는 소리가 훨씬 더 근본적이며 중요합니다. 말소리보다 글씨를 먼저 배운 사람은 아무도 없을 거예요. 대부분의 문자는 말소리를 표현한 것이고요. 가령 우리말에서도 '여보세요'는 관념 속의 소리를 나타낸 것이고 보통은 또박또박 하나하나 발음하기보다 재빨리 '엽세요'라고 하거나 '여우세요'에 가깝게 발음하잖아요. 게다가 문자로 왜, 웨, 외의 철자가 달라도 대개 비슷한 소리로 발음되죠.

어떤 언어든지 말소리를 일일이 글자로 전환하기보다는 들리는 대로, 즉 소리는 소리로 이해하는 것이 언어를 빠르게 익히는 방법입니다. 아직 글자를 모르는 어린아이들은 이걸 자연스럽게 할 수 있지만, 대부분의 어른들은 글자가 먼저 떠오르니 그렇게 하기가 쉽지 않아요. 어린이들은 언어 천재로 언어 습득의 창이 열려 있기에 어떤 외국어를 접해도 곧잘 배웁니다. 어른들도 이들처럼 '소리'를 있는 그대로 받아들이고 '글자'에 지나치게 신경 쓰지 않는다면 외국어를 더 잘 익힐 수 있어요.

본래 언어란 소리가 기본이고 문자는 나중에 생긴 것임을 기억하세요. 즉, 외국어를 배울 때도 아이가 모국어 배울 때 그러듯 소리에 더 주의를 기울여 보세요. 지금도 세상에는 문자 없이 소리로만 존재하는 언어가 제법 많습니다. 같은 언어 내에서도 소리가 철자와 다른 경우가 정말 많고, 반대로 철자대로 발음하면 사용하지 않는 발음인 경우도 많죠. 그러니 철자에 신경 쓰는 건 필요할 때 천천히 해도 됩니다.

우리가 모국어를 배운 순서도 소리가 먼저였습니다. 세상의 모든 아이들은 자연스럽게 자기 언어의 말소리를 먼저 배우고 글은 좀 더 커서 교육을 통해 배우지요. 예전에 미국에서 한 치과 의사가 어린이 고객들에게 받은 카드를 전시하는 걸 본 적이 있는데, 귀엽게도 shuga(sugar), skool(school) 등 스펠링이 제멋대로더라고요. 외국어를 배울 때도 모국어를 배울 때 그러듯 글자에 신경 쓰는 건 나중으로 미뤄도 됩니다. 다만 성인은 이해 속도가 빠르니 배우는 데 속도를 내면 되지요.

철자에만 신경 쓰다 보면 언어의 본질인 소리를 놓칠 수 있습니다. 철자 그대로 발음하는 경우를 스펠링 발음(spelling pronunciation)이라고 하거든요. 예를 들어 handsome을 핸섬 대신 핸드소메라고 발음하진 않잖아요? 이걸 안다는 것은 우리가 복잡한 소리와 철자 사이의 규칙을 이해하고 있다는 의미죠. 그럼에도 우리는 간혹 renovation, career 같은 단어를 스펠링만 보고서 리노베이션, 캐리어라고 한글로 적고 발음도 하는 경우가 많아요. 한 번만 영어 발음을 들어 보면 그게 아닌 것을 쉽게 알 수 있는데도 말이죠. 이 둘은 굳이 한글로 적자면 레노베이션, 커리어가 낫겠지요. 이와 같이 발음과 철자와의 관련성은 일반화하기 어려운 경우가 꽤 많습니다. 그러니 이 점을 주어진 명제로 이해하면 됩니다. 그리고 소리에 집중하는 태도를 가져야 하죠.

Good Morning, Bill! 좋은 아침입니다. 빌, 그리고 나의 독자님!

뷰티풀 모닝

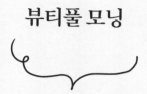

영어 말소리에 귀 기울이기

Oh, what a beautiful morning. Oh, what a beautiful day.
I've got a beautiful feeling. Everything's going my way.
- A Cowboy's Serenade

얼마나 아름다운 아침인가. 얼마나 아름다운 날인가.
내게 아름다운 느낌이 든다. 모든 일이 나의 뜻대로 되리라.
- 카우보이의 노래

언어의 가장 기초적인 부분은 소리라고 말씀 드렸습니다. 우리는 소리를 만들기도 하고 만들어진 소리를 듣기도 하지요. 흔히 언어의 네 가지 사용 방식을 듣기, 말하기, 읽기, 쓰기로 나누는데 이 중에서 언어를 배울 때 가장 먼저 필요한 것은 다른 무엇보다 듣기입니다. 알아듣지도 못하면서 말을 할 수는 없으니까요. 아기가 모국어를 습득할 때도 충분히 들은 후에야 비로소 말하기 시작하지요.

많은 분들이 영어를 잘하고 싶어도 조금만 속도가 빨라지면 무슨 말인지 도통 알아듣기가 힘들다고 합니다. 저는 이런 얘기를 들으면 쉬운 노래부터 들어 보면 효과적일 거라고 답해요.

두뇌를 고루 자극하는 음악을 곁들이면 그 언어의 말소리와 쉽게 친해질 수 있기 때문입니다. 영어뿐 아니라 다른 어떤 외국어를 배울 때도 동요나 쉬운 노래를 먼저 배우면 그 언어의 리듬에 빠르게 친해질 수 있어요.

노래로 익힌 구절은 단어도 잘 외워지고 문법도 저절로 파악이 되는 것 같아요. 누구나 한두 번쯤은 이런 경험을 하셨을 테고요. 뇌과학의 관점에서 보면 좌반구에 치우쳐 있는 언어 처리 기능과 우반구를 중심으로 하면서도 뇌 전체를 사용하는 음향 처리 기능이 이들 모두가 필요한 노래를 통해 함께 자극되기 때문에 효과적입니다.

어떤 노래를 들어야 할지 모르겠다면 새로운 영어 공부의 시작에 어울릴 만한 노래를 추천해 보겠습니다. 첫 번째는 뮤지컬 〈애니(Annie)〉에 나오는 'Tomorrow'입니다. 대공황 시기를 배경으로 희망을 노래한 곡이지요. 비틀즈의 'Yesterday'와 존 덴버의 'Today'만큼 유명하지는 않아도 듣다 보면 다른 노래들만큼 예전에 들어 본 듯 익숙하다 싶으실 겁니다. 이 세 곡의 노래는 모두 노래말도 좋고 영어로 부르기도 쉬운 편이라서 이어서 들어 보시면 좋겠어요.

'Tomorrow'는 고아 소녀 애니가 어제의 아픔은 잊고 내일을 기대하며 살자고 희망을 노래하는 내용이에요. 어린아이의 노래이지만 하도 힘차서 듣는 어른들에게도 덩달아 그런 마음이 들게 해 줍니다.

Tomorrow, tomorrow. I love you, tomorrow. You're always a day away.

내일, 내일, 난 내일 너를 사랑해. 넌 언제나 하루만 지나면 있구나.

여기서 영어의 '엘'소리[l]에((( )는 음성 표시를 뜻합니다) 주목해 볼까요? 가사 중에서 love의 첫 소리는 혀끝이 윗니 바로 위쪽인 입천장 초입을 딱 누르는 분명한 'l'로, 우리말로 쓴다면 리을을 두 개 겹쳐 'ㄹ러브'라고 쓰고 싶은 소리예요. 반면 always의 'l'은 혀끝이 입천장에 닿지 않아서 자음 'l'로 분명하게 발음되지는 않고 마치 모음끼리 연결된다 싶을 정도의 소리인데, 마치 milk를 빨리 발음하면 'l' 소리를 love에서만큼 분명하게 내지 않아서 '밀크'보다는 마치 재빠르게 발음한 '미역'처럼 들리는 경우와 비슷합니다. 앞서 말씀드린 제 짝의 일화에 나오는 사람 이름 Bill의 경우도 이에 가까운데, Bill의 'l'는 이보다는 혀끝소리가 살짝 더 나는 소리죠.

우리말의 'ㄹ'도 '달'에서의 소리와 '나라'에서의 소리가 상당히 다른 것처럼, 영어의 'l'도 나타나는 위치에 따라 조금씩 다르게 소리 납니다. 이 노래를 연이어 들어 보시며 이런 발음의 차이가 귀에 들리기 시작했다면 영어 말소리와 친해지기에 성공하신 겁니다.

두 번째로 추천하는 노래는 뮤지컬 〈오클라호마(Oklahoma)〉의 카우보이가 부르는 'What a beautiful morning'입니다.

Oh, what a beautiful morning. Oh, what a beautiful day. I've got a beautiful feeling. Everything's going my way.

얼마나 아름다운 아침인가. 얼마나 아름다운 날인가. 내게 아름다운 느낌이 든다. 모든 일이 나의 뜻대로 되리라.

어떠세요? 가사만 보아도 무한긍정으로 빨리 아침을 맞이하고 싶어지지요? 인터넷에서 노래를 찾아서 한번 들어 보세요. 순박한 카우보이가 부르는 노래가 정겹고 신선합니다. 이 노래는 국내에 잘 알려지지 않았지만 저에겐 추억이 담긴 노래예요. 제가 초등학교에 입학할 무렵 미국 유학에서 돌아온 다섯째 이모가 자주 흥얼거리던 것이라 기억에 남아 있거든요. 맏이인 우리 엄마와는 나이 차이가 많이 나는 막내이모는 아름답고 패셔너블한 데다 노래 실력까지 빼어나 어린 저에게 동경의 대상이었지요. 아침에 들리던 노랫소리는 늘 긍정적으로 살아가겠다는 의지를 표현하는 것 같았어요.

이 노래에 나오는 'T'의 발음을 살펴볼까요? 흥미롭게도

feeling에선 분명한 [l] 소리가 나고 beautiful에선 [l] 소리가 좀 약하게 납니다. 개별 소리가 다른 소리와 결합해서 단어를 만들 때는 단어의 어느 위치에 오는지, 어떤 다른 소리 옆에 있는지 등에 따라 조금씩 음가가 달라지기 때문인데요. 이런 미세한 차이를 느끼셨다면 벌써 영어 말소리와 친해지신 거예요.

특히 l과 r은 꽤 자주 쓰이는 자음이라서 그 소리를 정확하게 잘 구분해서 낼 수 있으면 영어를 참 잘하는 것으로 들린답니다. "정말이야?" 하고 되물을 때 쓰는 "Really?" 같은 말이 특히 이런 점을 잘 드러내요. 대화에서 이 단어는 '정말(really)' 자주 쓰인답니다. 아무쪼록 노래를 많이 들으면서 영어 말소리와 친해지시길 권합니다.

영어의 강세

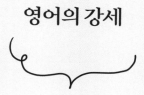

혹은 스트레스(Stress)

Stress should be a powerful driving force, not an obstacle.
- Bill Phillips

스트레스는 방해물이 아니라 강력한 추진력이어야 한다.
- 빌 필립스

분명히 아는 단어인데 영어권 국가에선 발음이 영 달라서 당황한 적 있으세요? 저는 우리 일상에서도 흔히 쓰는 단어 바나나와 카메라를 막상 영어 사용 국가에 가서 알아듣지 못해 곤란했다는 일화를 들은 적이 있어요. 나라 이름들은 또 어떻고요. 영어로 아르헨티나(Argentina), 아이티(Haiti), 이란(Iran)의 발음은 들으면 (아르젠**티**나, 헤**이**디, 아이**랜**쯤으로 소리 나니까) 마치 처음 들어 보는 말인 것 같지 뭐예요(볼드체는 강세를 나타냅니다). 다들 느껴 보셨겠지만 영어의 말소리는 한국어의 말소리와 참 많이 다릅니다.

영어와 한국어의 말소리는 왜 이렇게 다른 걸까요? 가장 큰 이유는 바로 강세(stress)의 유무입니다. 스트레스(stress)는 '정신적인 피로'의 의미로 더 자주 쓰이지만, 이 단어의 여러 가지 뜻 중에는 언어의 '강세'라는 중요한 의미도 있어요.

강세란 무엇일까요? '한 음절의 말소리가 다른 부분보다 더 크고 높고 약간 길어지는 것'을 뜻합니다. 예컨대 한국어의 아버지는 음절 하나하나가 비슷한 길이와 강도로 발음되지만, 영어의 모든 단어에는 강세가 있는 음절이 있어서 꼭 강조가 됩니다. 즉, banana는 '바나나'보다는 '버**내**너'로 둘째 음절이 다른 음절보다 강하고 길며, camera는 '카메라'보다는 '**캐**머러'로 첫 음절이 다른 음절보다 강합니다.

모든 영어 단어에는 1음절 단어라도 주 강세가 있고 긴 단어에는 제2, 제3의 강세도 있어요. 게다가 강세가 없는 모음은 제 빛깔을 잃고 약화되어 '어'나 '이' 정도의 어중간한 소리가 되어 단어 전체의 발음을 완전히 다르게 만들어요. 그만큼 영어를 배울 때 강세를 알고 이해하는 것은 정말 중요합니다. 강세의 위치가 어디인지에는 규칙성이 있긴 하지만 예외가 아주 많아요. 영어에 다른 언어에서 수입된 단어가 많기 때문이에요.

심지어 영어에는 철자가 같은 단어가 강세에 따라 의미가 달라집니다. 예컨대 record는 강세가 앞 음절에 있으면 명사 '기록'이라는 의미로, 뒤 음절에 있으면 동사 '기록하다'라는 의미가 됩니다. 이렇게 명사일 땐 첫 음절, 동사일 땐 끝 음절에 강세가 오는 단어들은 addict, address, convert, import, export, increase, decrease, permit, present, rebel 등 자주 사용하는 단어 중에도 꽤 많습니다.

　이때 강세의 위치에 따라 모음의 소리가 바뀐다는 점이 중요합니다. Keep the record와 Record your voice에서 record는 아주 다른 소리가 납니다. 명사면 '**레**꺼ㄹㄷ', 동사면 '리(/러)**코**ㄹㄷ'이니 발음을 잘못하면 의미를 전달하기도 어렵게 되는 거죠. 또한 address는 **애**드레ㅅ/어드**레**ㅅ, present는 **프레**즌ㅌ/프리**젠**ㅌ, rebel은 레블/러벨이 되므로 그 차이가 확연하죠. 이런 차이는 강세를 가진 음절의 모음만 제대로 제 소리가 나고, 나머지 모음은 영어의 가장 편안한 모음으로 축소되어 버립니다. 강세가 없는 음절은 '이'도, '으'도, '어'도 아닌 어정쩡한, 영어에서 가장 약한 모음인 슈와(schwa)[ə]로 되어 버리는 규칙에 따른 것이죠. 강세에 따른 모음의 변화는 영어 말소리 전반을 지배하는 강력한 것으로, 이 어정쩡한 영어 모음 소리는 전체 말소리의 10% 이상을 차지합니다.

　강세의 위치는 접사가 붙으면 변할 수 있습니다. 예컨대 형용사 real은 접미사 '-ity'가 붙어 명사가 되면 '리얼리티'가 아닌 '리**앨**러티'로 발음되는데요, 이는 주 강세가 두 번째 음절로 옮겨 가기 때문이지요. 우리말에서는 '리얼'과 차이를 두지 않고 '리얼리티가 떨어진다'거나 '리얼리티 쇼(reality show)'라며 명사를 발음하고 한글로 적기도 하지만, 영어로 말할 때는 분명히 다른 겁니다. 강세를 둘째 음절에 두고 '리**앨**러티'로 발음해야 제대로 통할 수 있어요.

　이런 강세의 특징 때문에 눈으로만 보고 글자로 단어를 익히면 실제 발음과 달라서 낭패를 볼 수가 있어요. 철자만 생각하고 내는 발음을 스펠링 발음(spelling pronunciation)이라고 하는데요. 예를 들어 're-'음절은 강세 있는 recipe, recreation, renovation의 경우 '**레**서피, **레**크리**에**이션, **레**너**베**이션'으로 강하게 '에' 모음의 소리가 나지만, 더 흔하게는 강세 없이 쓰여서 repeat, refer, recover, remind, retriever에선 '리**핕**, 리**퍼**ㄹ, 리**커**버ㄹ, 리**마인**드, 리ㅌ**리**버ㄹ'로 아주 약하게 '리'로 발음돼요. 그래서 영어로 말하면서 한국어식의 스펠링 발음을 사용해 자칫 반대로 '리노베이션', '리크리에이션'이라고 하거나 '레퍼', '레트리버'라고 말하면 소통이 어려워질 수 있습니다.

　강세는 발음 기호 모음 앞에 ([rˈɛkərd]) 표시를 하거나 철자에 (récord) 표시를 해서 나타냅니다. 예전에는 말소리를 발음 기호로 적고 그것을 이해해야 해서 영어 말소리 익히기가 참 어려웠는데 요즘은 인터넷과 스마트폰으로 소리를 들어 볼 수 있으니 아주 편리해요. 그러니 조금 알쏭달쏭한 발음의 단어를 만나면 강세가 지배하는 영어 말소리의 원리를 떠올리며 꼭 그 소리를 확인해 보세요. 이런 습관을 들이는 것만으로 영어 발음이 확 좋아질 겁니다.

영어에서 강세는 정말 중요합니다. '스트레스'에 대해 제대로 알면 '영어 발음 스트레스'가 사라지는 거죠. 언어의 기본은 글이 아닌 소리이기 때문입니다.

Hershey Chocolate

r 발음하기

I could give up chocolate, but I am not a quitter. In fact,
everything's better with chocolate. - A chocolate lover

나는 초콜릿을 포기할 수도 있지만, 제가 원래 뭘 쉽게 포기하는 사람이 아닙니다.
사실 세상 모든 일은 초콜릿과 함께라면 좀 나아지거든요. - 어느 초콜릿 애호가

미국의 초콜릿 브랜드 허쉬(Hershey)를 아세
요? 진한 갈색 포장의 납작한 밀크 초콜릿 바(bar)와 반짝이는
작은 원추 모양 키세스(Kisses) 초콜릿이 유명해요. 저는 허쉬
의 초콜릿 중에 아몬드가 박혀 있는 것을 참 좋아했어요.

여러분은 Hershey를 어떻게 발음하세요? 이 질문은 중간
에 나오는 'r'을 혀를 뒤로 살짝 말며 '허ㄹ쉬'라고 발음하는
지, 혹은 모음을 좀 늘이며 'r'의 발음은 생략해서 '허-쉬'라고
하는지를 묻는 셈이에요. 두 가지 방식이 다 허용되고 모두 표
준으로 받아들여지지만, 보통은 미국식과 영국식 스타일의
영어라고 구분하기도 하죠.

흔히 영국 영어는 car와 card에서처럼 '모음 뒤에 나오는 r'
을 발음하지 않는다고 알려져 있어요. 즉, 브리티시 잉글리시
는 car를 [kʰaː] '카-'로 발음한다는 거죠. 유독 모음 뒤의 위
치에서만 자음 r이 약화되는데요. 생각해 보면 right처럼 단어

앞에서나 arrow처럼 모음 사이에서는 r이 항상 명확히 발음 되는 것과 차이가 납니다.

영국식과 미국식 영어의 가장 큰 차이로 알려진 것이 바로 이 '모음 후행 r(postvocalic r)'의 발음입니다. 하지만 이 말은 복 잡한 실상을 단순화한 거예요. 영국의 표준어가 된 런던을 중 심으로 한 동남부에서 모음 뒤의 r 발음을 하지 않고, 호주, 뉴 질랜드, 싱가포르도 그렇습니다. 그러나 브리튼섬 안에서도 서부 웨일즈와 북쪽인 스코틀랜드, 해협 건너 북아일랜드와 아 일랜드 역시 미국, 캐나다와 더불어 r 발음을 하기 때문에 r의 발음을 둘러싼 상황은 훨씬 복잡한 모습이거든요.

흥미롭게도 '모음 뒤의 r을 어떻게 발음하느냐'라는 작은 차이가 지구상의 모든 영어를 'r 없는' 영어와 'r 있는' 영어로 나누고 있습니다. 그래서 영어를 배우는 사람은 누구나 깨닫 지 못하는 사이에 어느 한쪽을 택하게 되지요. 대부분의 한국 인은 암묵적으로 미국식 영어를 가르치고 있는 우리의 현실 이 반영되니 'r 있는' 영어를 사용하기가 쉬워요.

허쉬에 대해 좀 더 얘기해 볼게요. 허쉬는 초콜렛 브랜드이 지만 본래는 사람 이름이고, 그 이름을 따른 미국 펜실베이니 아주에 있는 소도시의 이름이기도 하답니다. 본래 랭카스터

군에 속하는 낙농업의 고장인데, 이곳에서 태어나 초콜릿 사업으로 성공한 밀턴 허쉬(Milton Hershey)의 이름을 따라 고향 마을도 개명한 것이지요.

저는 우연히 허쉬 마을에 한 번 가본 적이 있어요. 초콜릿을 테마로 하는 놀이공원, 호텔, 스파, 4D극장까지 있어 눈의 휘둥그레질 정도로 재미난 곳이었어요. 상점에선 베개만 한 초콜릿을 팔고, 놀이기구를 타면 갖가지 초콜릿 샘플을 안겨줘서 관광객들의 혼을 쏙 빼놓더군요. 투어버스를 탔더니 가이드가 키세스 모양의 가로등을 밝힌 길을 돌며 이 달콤한 고장의 유래를 들려줬어요.

밀턴 허쉬는 타향에서 사탕 가게를 하다가 돌아와 1883년부터 고향의 품질 좋은 우유를 재료로 맛 좋은 캐러멜을 만들었다고 합니다. 그러다가 샌프란시스코에서 열린 박람회에 갔을 때 유럽의 초콜릿을 접하고 여기에 고향의 우유와 캐러멜을 결합시켜 밀크 초콜릿 왕국을 일군 거죠. 그의 초콜릿 사업은 승승장구했고 아내 캐서린(Catherine Hershey)과 금슬도 좋아서 행복한 나날을 보냈대요. 하지만 둘 사이에 자녀가 없어 아쉬웠는데, 어느 날 멋진 대안을 찾아냅니다. 전국의 고아들을 데려다가 건실한 낙농 가정에서 돌봄을 받으며 공부할 수 있도록 학교를 세운 거예요. 그리고 이 아이들로 하여금 초콜릿 사업을 이어가게 했습니다. 그 전통이 지금도 이어지고 있는데, 요즘엔 빈곤층 아동들을 포함해 교육하고 있다고 합니다.

안타깝게도 그의 아내는 사십 대의 이른 나이에 먼저 세상을 떠났지만 밀턴 허쉬는 사업과 교육에 몰두하며, 칠십 대 후반까지 장수합니다. 초콜릿이 건강에 나쁘지 않다는 것을 몸소 증명한 셈이죠. 그의 아름다운 사연은 영화로도 만들어진 로알드 달(Roald Dahl)의 소설 《찰리와 초콜릿 공장(Charlie and the Chocolate Factory)》에 영감을 주었죠.

저는 허쉬 마을을 돌아보면서 미국이 영국과 멀고도 가까운 관계를 이어왔다는 점을 새삼 깨달았어요. 미국은 우리나라가 일제 강점기에서 독립한 후에 일본을 배척했듯이, 한동안 그들을 지배했고 독립전쟁의 적국이었던 영국을 배척한 적이 있지요. 한때 독일어를 국어로 삼으려 했다는 소문이 돌았을 만큼, 예전에는 영어의 지위도 낮았다고 해요. 이런 이유로 지금 미국에는 공식적인 국어가 없고, 각 주마다 공식 언어를 택하는 정도입니다. 많은 주에서 스페인어는 물론 한국어로도 운전면허 시험을 치를 수 있는 건 바로 이런 배경 때문이지요. 물론 독립 당시에도 미국인들 중에 영어 쓰는 사람들이 월등히 많았고 점차 영어의 위상이 높아지긴 했어요. 그리고 미국 영어만을 위한 사전을 만든 윌리엄 웹스터의 노력 덕분에 미국 영어는 영국 영어와 구분되는 독자적인 길을 찾게 됩니다. 역사적 배경과 '모음 뒤에 오는 r 발음'의 차이가 크게 느껴지기 때문에 영국식 영어와 미국식 영어는 매우 다른 것으로 알려져 있지만 실상은 언어적인 차이가 그다지 크지 않습니다.

허쉬 마을에도 미국과 영국의 관계와 관련해 흥미로운 점이 있었어요. 우연히 들어간 허쉬 박물관에 사용하지 않은 타이타닉호 티켓이 전시돼 있어 눈길을 끌었거든요. 런던에 갔던 허쉬 부부가 이 배에 승선할 예정이었지만 급한 일이 생겨 독일 배를 타고 먼저 돌아왔기에 비극을 면했다고 하네요. 가이드는 이 사연을 들려주며 만일 이 부부가 타이타닉을 탔다면 허쉬 초콜릿도, 이 마을도, 자기 일자리도 없었을 거라고 하더군요. 사용하지 않은 타이타닉호 티켓은 그만큼 미국과 영국이 가까이 연결돼 있었다는 증거인데요, 저는 그것을 보자 갑자기 허쉬 부부는 어떻게 모음 뒤의 r을 발음했을지 궁금해졌습니다.

런던을 자주 방문했던 허쉬 부부는 어떻게 r을 발음했을까요? 허ㄹ쉬? 혹은 허-쉬? 어쩌면 친(親) 영국, 반(反) 영국이라는 당시의 정치적 성향에 따라 그들의 r 발음도 달랐을까요? 정말로 사람들은 발음이나 단어 사용에 정치적인 성향까지 표현하며 사는 걸까요? 이들의 녹음된 목소리를 들을 수 없으니 사실을 알 길은 없습니다만, 지금도 녹음된 목소리를 들을 수 있는 당시 루스벨트 대통령의 연설을 들어 보면 깜짝 놀랄 정도로 'r 없는' 발음이거든요.

미국은 'r 있는' 영어를 쓰던 이민자들이 많아 표준어가 'r 있는' 영어지만, 미국 내에도 'r 없는' 영어가 사용됩니다. 지역을 기준으로 보면 영국 동남부와 학문적으로 교류했던 보스턴과 상업적으로 런던과 교류했던 뉴욕의 영어가 그렇습니다. 즉, 보스턴과 뉴욕의 영어는 매우 영국식인 부분이 있죠. 이곳의 영어는 외국인인 우리가 듣기엔 무척 세련된 영어일 거라고 생각되지만 미국에선 타지 사람들이 I parked my car in Harvard Yard에서 r을 모조리 빼거나(보스턴 영어), thirty dirty birds를 toidy doidy boids(뉴욕 영어)라며 r을 빼는 것은 물론 모음을 입술을 잔뜩 오므린 발음을 흉내 내며 놀리곤 하죠. 또한 영국 대학에 자녀를 유학 보냈던 미국 남부의 상류층 사람들과 그 영향을 받은 아프리카계 미국인들의 영어도 'r 없는' 영어입니다. 흑인들의 영어는 미국 전역으로 펴져 나갔기 때문에 인종을 기준으로 하는 언어적 특징으로 보이지만 모두 영국의 동남부 지역과 관련이 있는 셈이지요.

여러분은 어떠신가요? 이미 어떤 선택을 하셨다면, 그것은 r 있는 발음인가요? 아니면 r 없는 발음인가요?

Merry Christmas!

크리스마스와 음절 구조

Christmas is not a time nor a season, but a state of mind.
To cherish peace and goodwill, to be plenteous in mercy,
is to have the real spirit of Christmas. - Calvin Coolidge

크리스마스는 특정한 시간이나 계절이 아니라 마음가짐입니다.
자비심을 넘치게 갖기 위해 평화와 선의를 소중히 여겨야 진짜 크리스마스의
정신을 갖는 것이죠. - 캘빈 쿨리지

겨울이 오면 어둑한 저녁을 화사한 장식으로 밝히는 크리스마스가 함께 떠오릅니다. 서양의 풍속인데 이토록 빠르게 우리의 일상에 녹아든 것은 드물 것 같아요. 요즘엔 "Merry Christmas!"라는 인사가 특정 종교에 편향된다며 이즈음 "Happy Holidays!"라고 인사하는 게 맞다거나 그건 아니다 하며 PC(Political Correctness, 정치적 올바름) 논쟁이 벌어지기도 합니다. 그런데 이 크리스마스, 여러분은 어떻게 발음하세요?

한국어로 '크리스마스'라고 말하며 한글로 쓰인 글자를 한 자 한 자 읽어 그대로 발음하는 건 당연한데요, 영어 문장 속에서 발음해야 한다면 어쩐지 좀 달라야 할 것 같아요.

우리 신나게 크리스마스 노래를 한 번 불러 볼까요? 상상으로 노래를 떠올려 보셔도 좋습니다. We wish you a merry Christmas!, All I want for Christmas is you, I'm dreaming of a white Christmas, Last Christmas, I gave you my heart 등 노래를 부르다 보면 Christmas에 두 박자만 할당됐다는 게 느껴지실 겁니다. 한국어로는 다섯 음절이지만 영어로는 두 음절이라 차이가 큰 것은 두 언어 간 음절 구조의 차이를 보여 줍니다.

음절이란 말소리가 시간을 차지하는 단위입니다. 음절이 시간을 차지할 수 있는 건 중심이 모음에 있기 때문이지요. 즉, 음절은 일단 말소리가 자음과 모음으로 구분되는 것과 관련이 있습니다. 모든 말소리는 자음과 모음으로 나뉘죠. 폐에서 나오는 소리가 중간에 방해를 받으면 자음, 방해 없이 나오면 모음으로 분류해요.

"오(혹은 어이)~~~"하고 소리치거나 "아~~~"하고 노래를 할 수 있게 이어지는 소리가 모음이고, 혀와 입술 등 조음기관에 의해 방해를 받아 길게 내기 어려운 소리가 자음이죠. 예를 들어 ㄱ(k), ㄴ(n), ㄹ(l 또는 r)은 자음, ㅣ(i), ㅔ(e), ㅜ(u)는 모음인데 이들은 음절을 형성하면서 서로 연결됩니다. 즉, 음절 하나를 구성하는 데는 모음 하나면 족하지만 그 앞뒤로는 자음이 오면서 다양한 말소리가 만들어집니다.

그런데 언어마다 만들어질 수 있는 음절의 모습이 각기 달라요. 하나의 모음에 자음이 몇 개까지 결합할 수 있는지가 언어에 따라 다릅니다. 결합이 허용되는 자음이 따로 있는 등 제약이 따르기도 하죠. 간단히 비교하자면, 한국어는 발음상 모음 앞뒤로 자음 한 개('각')씩만 올 수 있고 영어는 모음 앞에 자음이 세 개('spring'), 뒤에는 보통 세 개('splints')이고, 특수한 경우에 네 개('worlds')까지 올 수 있죠.

예컨대 한국어 단어 '닭'과 영어 'school'은 둘 다 1음절 단어입니다. 닭은 모음 'ㅏ'를 중심으로 앞에 'ㄷ', 뒤에 'ㄱ'이 옵니다. 그리고 'ㄹ'은 글자엔 있지만 소리는 안 나요. 한국어 음절 구조에 딱 맞죠. 이 단어는 한 음절이니 단숨에 발음합니다. 반면 school은 모음 [u]를 중심으로 앞에 [s]와 [k]가 오고, 뒤에는 [l]이 오는데, 이 역시 모두 한번에 발음하는 겁니다. 한국어는 모음 앞에 여러 자음이 한꺼번에 오는 걸 허용하지 않아서 school을 한국어식으로 발음하려면 [s]와 [k]를 분리하기 위해 [s] 다음에 가장 편안한 한국어모음 'ㅡ'를 넣어요. 그렇게 음절을 둘로 늘여 '스쿨'을 만드는 거지요.

즉, Christmas도 본래 2음절이지만 자음의 연속을 한꺼번에 발음할 수 없는 한국어 음절 구조에 맞추어 [k]와 [r] 사이에 'ㅡ'모음 하나, 마찰음 [s]가 음절의 발음으로 허용되지 않기 때문에 두 개의 's' 다음에도 각각 'ㅡ' 모음을 넣어 다섯 음절인 '크리스마스'가 된 겁니다.

언어마다 음절을 만드는 방식이 다르기 때문에 재미있는 비교가 가능합니다. 저는 맥도날드의 예를 좋아하는데요, 영어로 3음절인 'McDonald([mækdɔnəld])'는 한국에선 4음절(맥도날드), 일본에선 6음절(마꾸도나루도)이 되지요. 일본어는 모음 뒤에 비음('ㄴ' 같은 콧소리)이 아닌 자음을 허용하지 않기 때문에 이들을 연결할 모음이 한국어보다 더 많이 필요합니다. 맥도날드의 일본식 버전은 너무 길어서 현지에선 '마끄' 정도로 줄여 사용하는 것 같더군요. 비유적으로 말하면, 영어 모음은 한국어나 일본어에 비해 앞뒤의 자음을 잡아 주는 힘이 아주 센 편인 거죠. 이렇게 영어 음절은 구조상 여러 개의 자음을 하나의 모음에 결합해 단번에 발음해야 한다는 점을 염두에 두면 발음이 한결 좋아집니다.

음절의 중심축인 모음은 말소리를 연결하며 길이와 세기, 높낮이를 조절합니다. 그래서 어떤 외국어든지 발음을 섬세하게 잘하려면 모음의 특성을 이해하는 것이 중요하죠. 흔히 우리는 [f]나 [v]같이 한국어와 다른 특이한 자음의 발음에 신경 쓰지만 정작 중요한 건 강세와 음절 구조, 그리고 모음의 미묘한 차이를 발음하는 것이라고 할 수 있습니다.

영어 모음은 10~12개로 한국어와 수는 비슷하지만 내용이 상당히 다릅니다. 음절 구조의 차이를 이해한 다음에는 영어 모음이 강세가 없는 음절에서 축소된다는 점(〈영어의 강세〉에서 설명한 명사 récord와 동사 recórd의 차이)과 beat와 bit처럼 혀의 긴장도에 따라 꽤나 다른 소리가 난다는 점도 중요합니다. 예컨대 gate와 get, fool과 full의 경우를 보면 서로 모음만 다른데, 전자는 혀의 긴장도가 높아 소리가 강하고 살짝 길고 이중모음화의 기미도 보입니다. 이 차이는 흔히 말하는 장음과 단음의 차이가 아니라 긴장음과 이완음, 즉 강한 소리와 약한 소리의 차이죠.

그러니 이번 크리스마스에는 영어 특유의 음절 구조와 강세와 모음이 중요한 역할을 하는 소리 구조를 떠올리며 Christmas를 멋지게 발음해 보세요. 이 단어는 단 두 개의 음절이며, 앞 음절에 강세가 있고 긴장음 소리는 없습니다. 즉, 강세는 두지만 모음 'i'는 짧고 약하게 발음해야죠. 음절은 딱 두 개이니 'ㅡ' 모음을 넣지 말고 두 박자에 재빨리 발음합니다. 마지막 음절은 강세가 없으므로 아주 약하게, [a]가 아닌 영어의 가장 약한 모음인 schwa [ə]('어'에 가까운 소리)로 발음하는 것도 잊지 마세요. 한글로 굳이 쓰면 'ㅋ리ㅅ머ㅅ'가 됩니다.

저는 해마다 크리스마스가 되면 2차 대전 당시 숲속 오두

막에서 마주친 독일과 프랑스 병사들의 이야기가 생각납니다. 어린 시절 읽었던 《노란 손수건》이라는 책에 수록된 이야기죠. 이 책은 교육학자 오천석 박사님이 전 세계의 감동적인 이야기를 편집해 만든 책으로, 한국판 '치킨 수프' 시리즈처럼 당대의 베스트셀러였죠. 여기에는 양국의 스무 살 안팎의 젊은 병사들이 대열에서 낙오됐다 숲속 외딴집에서 딱 마주쳤는데 집주인 가족의 간곡한 설득으로 잠시 휴전했다는 이야기가 나옵니다. 그들은 성탄절을 함께 보내며 부상자를 치료했고 평화롭게 헤어져 각자의 길로 갔다고 하네요.

또한 이맘때면 오래전 여행길에서 직접 목격한 레바논의 나란히 지어진 모스크와 교회, 시리아의 모스크에 안치된 세례 요한과 선지자로 모신 예수님의 초상화도 떠오릅니다. 어쩌면 너무 가까웠기에 갈등이 커지기도 했겠지요. 크게 반목하는 사람들이 실은 서로 아주 가까웠다는 사실과 갈등 속에도 평화를 찾아냈던 사례들을 되새겨 보자니, 지금 세상 곳곳에 갈등이 너무 많아 안타까워요. 가까운 사람과의 갈등은 더 깊게 아프잖아요. 사랑의 크기만큼 아프다고 하니, 어쩌면 더 사랑한 사람은 그만큼 용기 있는 사람인 걸까요?

어쨌든 크리스마스는 대립하는 모든 것들이 본래 하나임을 일깨워 주는 화해와 용서의 시간입니다. 본래 사람의 마음은 서로에 대해 이해하기로 마음먹으면 그러지 못할 것이 없다고도 하지요. 어쩌면 그런 마음이었을까요? 16세기 영국에서는 크리스마스 즈음해서 마을 사람들이 모여 남의 집 현관에서 "We wish you a merry Christmas!"라고 노래를 불러 주었다고 합니다.

재빨리 두 음절로 Christmas를 발음해 보세요. 하늘의 평화가 땅에도 우리 마음에도 깃드는 크리스마스가 해마다 계속되기를 기원합니다.

영어 발음이
좋아지는 비법

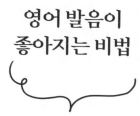

자주, 꾸준히

Be able to correctly pronounce the words you would
like to speak and have excellent spoken grammar.
- Marilyn Savant

당신이 말하고자 하는 단어를 정확하게 발음하고
훌륭한 구어체 문법을 갖추어라. – 마릴린 사반트

외국어를 배울 때 발음은 얼마나 좋아야 할까요? 어릴 때 배우지 않았다면 발음이 좀 나쁜 건 받아들여야 할 현실 아닐까요? 성인이 되어 배운 경우에 발음 좋아지는 게 가능하긴 할까요? 소통만 잘되면 됐지, 굳이 발음이 원어민처럼 좋아지려고 노력할 필요가 있을까요? 많은 영어 학습자들이 때때로 이런 의문을 가져 볼 것 같아요.

사실 영어뿐 아니라 어느 언어라도 외국어로 말할 때 발음이 좋으면 좋죠. 소통 잘되고 칭찬받으니 일단 자신감이 생기거든요. 발음이 좋으면 글을 잘 이해하고 쓰는 것보다 더욱, 거의 즉각적으로 자신감이 생기는데 글이 아닌 소리가 언어의 기본이기 때문입니다. 하지만 영어와 한국어는 차이점이 상당히 많아서 어릴 때 체득하지 않은 한 어른이 된 후 굳어진 발음을 좋게 만들기란 참 어려운 일이지요.

영어와 한국어 말소리의 가장 큰 차이점은 앞서 앞에서 말

씀드린 대로 강세와 음절 구조에서 옵니다. 특히 강세에 대해
선 한국어는 음절박자언어(syllable-timed language)인 데 비해
영어는 강세박자언어(stress-timed language)라는 점으로 요약
되지요. 어느 한쪽에 익숙해진 다음에는 이 점을 이해하고 고
치기가 꽤나 어려운 것 같아요. 영어는 음절이 아닌 강세의 간
격을 일정하게 유지해야 하는 강세박자언어입니다. 따라서
강세를 이해하고 어떤 단어에서든 강세 위치를 꼭 알아 두어
야 제대로 발음할 수 있어요.

영어는 한국어와 다른 특유의 음절 구조를 갖고 있습니다.
이 역시 영어와 한국어의 말소리를 아주 다르게 만드는 요
인이지요. 한국어 음절 구조와 달리 영어는 하나의 모음 앞
뒤에 여러 자음을 결합해 한꺼번에 발음하는 경우가 많아요.
spring, strike는 영어로는 모두 1음절이지만 한국어로는 3음
절과 5음절(스프링, 스트라이크)이지요. 영어로는 한 번 박수를
치는 타이밍에 spring이나 strike를 모두 발음해야 하는 겁니
다. 음절 구조에 대해서는 Christmas의 발음에 대해 앞에서
다룬 내용을 참고하시면 좋아요.

물론 영어와 한국어는 기본적인 소리 목록 자체가 서로 아
주 달라요. 영어에는 한국어에 존재하지 않는 특이한 자음 소

리가 적어도 네 개 있습니다. 철자로 f, v, th로 나타내는 소리들이죠. 특이한 조음 방식에 주의하며 익숙해지면 되니 이 점을 공략하기는 쉽습니다. 이들 중 f와 v는 윗니로 아랫입술을 살짝 무는 듯 대고 그 사이로 공기를 빠르게 내보내는 소리인데, 여러 다른 언어에도 있어서 그리 낯설지 않습니다. 그런데 철자 th로 나타내는 발음은 위아래 이빨 사이로 혀를 살짝 내었다가 들이면서 그 사이에 공기가 나오며 마찰하며 나는 소리로, 전 세계적으로 드문 말소리라서 좀 더 노력이 필요합니다.

영어 발음을 잘하기 위해 더 중요한 점은 따로 있는데, 바로 영어와 한국어가 비슷하지만 약간 차이 나는 자음의 발음에 주의하는 것입니다. 특히 s, z, l, r을 분명하게 발음하면 영어 발음이 단번에 확 좋아집니다. see, syrup, zipper, zoo, light, right, late, rate를 기억하세요. 저도 예전에 enzime의 [z]를 제대로 발음하지 않았다가 상대가 되물었던 일이 있었기에 늘 조심하는 발음입니다. 한국어의 시옷, 지읒과 달리 영어의 [s]와 [z]는 입술을 양옆으로 힘주어 늘여서 좀 깍쟁이처럼 강하게 발음해야 합니다.

쉬운 것 같은 영어의 p, t, k 발음도 주의해야 합니다. 이들은 강세 있는 음절의 첫머리에서만 한국어의 ㅍ, ㅌ, ㅋ와 유사하게 공기를 머금은 '기음'이라고 부르는 소리이고, 그 외에는 모두 한국어 ㅃ, ㄸ, ㄲ에 가까운 소리가 납니다. 말하자면 우리는 하나의 소리라고 믿지만 실제로는 환경에 따라 다른 소리로 실현되는 경우죠. 특히 [s]음 다음에 이 소리가 올 때 주의해야 하는데, space, speak, steak, style, story, scream, skill의 발음에서 ㅃ, ㄸ, ㄲ로 소리 난다는 점을 기억해 두세요. 이를테면, paper에서 앞의 p는 ㅍ, 뒤의 p는 ㅃ에 가까운 소리죠. 즉, '**페이뻐**' 정도로 발음되는데 이를 '페이퍼'로 하면 좀 어색하게 됩니다.

영어 모음 발음에도 주의해야 합니다. 한국어에서 구분이 잘 안 되는 발음이나 스펠링은 같아도 실제 소리는 다른 모음 발음이 많기 때문이지요. 모음은 본래 구강의 어느 한 지점을 딱 찍는 것이 아니기 때문에 변동성이 큽니다. 게다가 영어는 긴장음(tense)과 이완음(lax) 모음 구분이 중요한 경우가 적어도 네 곳 있습니다. 예컨대 sheet/shit, sheep/ship, beach/bitch, cheek/chick, piece/piss, leak(or leek)/lick, bait/bet, gate/get, boat/bought, fool/full 등은 주의해야 하는 중요한 구분입니다. 긴장음 [e]와 긴장음 [o]의 발음은 약한 발음과 다르게 강해서 '에이[eɪ]'나 '오우[oʊ]'처럼 약간 이중모음화하는 것입니다. 이들이 두 개의 모음이 아니라는 점은 아주 중요하죠. 그리고 긴장음 [i]와 긴장음 [u]는 흔히 단음이 아닌 장음이라고 알려져 있는데, 실상은 그것이 아니라 강하다 보니 약간 길어졌을 뿐입니다. 영어 모음이 장음과 단음이 아닌 긴장음과 이완음 구분이라는 점은 각별히 주의해야 합니다.

또한 의미 단위로 끊어 말하기와 한데 말할 곳을 부드럽게 이어 말하기를 잘해야 자연스러운 발음이 됩니다. 어느 언어든지 기능이 중요한 전치사, 관사 같은 기능어보다는 내용어가 강조되는데, 이것도 청자가 문장의 의미를 보다 쉽게 이해할 수 있도록 상대방을 배려해 강조할 곳은 강조하고 약화시킬 곳은 약하게 발음하는 것이 중요해요.

마지막으로 전반적인 유창성을 좌우하는 것은 자연스럽게 오르내리는 문장의 강세, 즉 인토네이션 패턴을 숙지하는 일입니다. 자연스러운 영어 인토네이션에 익숙해지는 동시에, 강조하고 싶은 곳을 강조하고 나머지는 약화시켜 주는 것이 관건이지요. 일반적으로 평서문은 중간에 강조할 곳을 살짝 올리고, 문장의 마지막 부분은 확 내리는 것이 자연스럽습니다.

유창성을 체득하는 요령을 알려 주는 마크 그린(Marc Green)의 'How to Talk Like a Native Speaker'라는 TED Talk를

들어 보세요. 자신이 러시아어를 배웠던 경험을 기초로 말하는데, 외국어로 영어를 배우는 우리도 공감하고 당장 활용하기 좋은 세 가지 요령이 있습니다.

첫째, 외국어를 배울 때는 외국인 특유의 액센트를 없애거나 최소화하려는 노력을 기울이세요. 그런 노력은 원어민들이 당신을 대하는 태도를 달라지게 한답니다. 또한 자신에게는 '그 언어를 사용하는 나'라는 새로운 인격을 더 쉽게 받아들이게 해 주고요. 단 한 문장이라도 아주 완벽하게 따라 하는 방법(one sentence method)이 좋다고 해요.

둘째, 구어체(colloquial speech)를 사용하세요. 책에 나오는 언어는 실제 원어민들이 사용하는 일상어와는 상당히 다른 경우가 많지요. 비슷한 의미를 지니는 단어와 표현이 많이 존재한다는 것을 직접 느껴 봐야 해요. 그러기 위해서는 직접 사용해 보면서 원어민 화자들과 대화해야 합니다. 실제 모국어 화자들을 만나라는 건데, 이 제안을 어떻게 실천할 수 있을까요? 여행을 가서 오래 지낼 수 있으면 가장 좋겠지만, 요즘엔 컴퓨터 클릭 한 번으로 영어 사용자들을 만날 수도 있지요.

셋째, 그 언어가 사용되는 환경의 문화적인 특징까지 받아들이며 언어를 사용해 보세요. 몸짓언어, 감탄사(Wow! Oops!) 같은 것이 아주 중요합니다. 이런 것을 마스터하려면 역시 적극적인 태도가 필요하죠. 놀랐을 때 하는 말(Wow! Oops! 등)과 어깨를 으쓱하는 제스추어, 살짝 아플 때 내는 소리(Ouch!)까지도요. 뭐 이런 것까지 원어민 스타일을 따라 해야 할까 싶지만, 마인드 셋을 바꾸는 데는 아주 좋다고 하네요.

단 하나의 문장이라도 한국식 액센트를 없애도록 최대한 노력하기. 되도록 자연스러운 구어체 사용하기. 언어와 함께 소소한 문화까지 체득하기. 좀 어색해도 용기 내어 실천하다 보면 영어 발음이 한결 좋아지실 거예요.

Diagonally와 Truman

소리 내어 따라 하기

If you don't know how to pronounce a word, say it loud!
- William Strunk, Jr.

그 단어를 어떻게 발음하는지 모른다면 크게 말해 보슈!
- 윌리엄 스트렁크 주니어

영화 〈해리 포터〉를 보셨나요? 해리 포터가 마법 학교에 필요한 준비물을 구하려고 'Diagon Alley'(다이애곤 골목)로 가려다가 'Diagonally'(사선 방향으로)라고 말하는 통에 그만 마법 세계의 기괴한 골목에 떨어지게 되는 장면을 기억하시는지요?

그런데 이상하죠? 이 두 문구는 붙여서 빠르게 말하면 별 차이가 없을 것 같은데 도대체 뭐가 다르다는 건지 이해하기 어려워요. 빠르게 말하면 비슷해지는 말은 참 많습니다. 교통 신호등(traffic lights)을 영어로 set of lights라고도 하는데 이 말이 마치 satellites처럼 들린다며 실제로 원어민들 중에 그렇게 잘못 알고 있는 사람도 있다고 하지요. 자주 쓰고 한 덩어리로 말하다 보니 그런 것입니다. 비슷한 예로 by and large라는 구를 잘못 쪼개 by enlarge로 오해하기도 하고요. 역사적으로도 이런 일이 가끔 일어나는데 apron은 본래 napron이었지만 관사를 붙이면 a napron이 되니, an apron으로 헷갈리다가 아예 apron이 되었다고 해요. 이런 현상은 단어를 하나씩 따로 떼어 발음하는 게 아니라 하나의 의미를 이루며 묶음처럼 된 어구를 빨리 말하면서 단어 경계가 모호해지기 때문에 생깁니다. 같은 맥락에서 I scream for ice cream은 'I scream'과 'ice cream'의 구분이 어렵다는 점을 장난스럽게 일깨워 주죠.

이렇게 영어의 붙여 말하기는 'fast speech phenomenon'(빠른 말 현상)이라고 이름이 붙었을 정도로 흔합니다. 그럼에도 불구하고 〈해리 포터〉의 Diagon Alley와 diagonally는 서로 다르다며 차이는 인정하고 아무도 이의를 제기하지 않네요. 이 명백한 차이란 과연 무엇일까요?

바로 강세입니다. 영어의 강세야말로 한국인이 가장 이해하기 힘든 영어의 소리 구조임이 확실해요. 영어 말소리는 강세가 지배하며 강세의 간격을 일정하게 유지하려는 '강세 박자'의 운율 구조인 반면, 한국어 말소리는 모든 음절이 비슷한 강도와 길이를 가지는 '음절 박자'의 운율 구조라서 크게 대비됩니다(이 점은 〈영어 발음이 좋아지는 비법〉에서 자세히 설명하고 있습니다).

강세가 있는 음절은 다른 음절보다 강하고 높고 길어지죠. 음절은 시간을 차지할 수 있는 단위로 그 중심은 대부분 모음입니다. 모음은 구강의 모양만 바뀔 뿐 심한 방해나 멈춤이 없는 소리죠. 흔히 '아, 에, 이, 오, 우' 같은 소리가 모음인데, 장시간을 지속해서 낼 수 있으므로 음절의 중심이 됩니다. 그러니까 모든 영어 단어는 적어도 하나의 모음을 갖고 있고, 적어도 하나의 강세를 지닌다고 볼 수 있습니다.

즉, 2음절 단어인 Diagon에서는 a에 강세가 있고 다음의 2음절 단어인 alley에도 a에 강세가 있어요. 하지만 다섯 음절인 diagonally에서는 두 번째 음절인 앞의 a에 강세가 있고 뒤의 모음에는 강세가 없습니다. 즉, 해리 포터는 Diagon Alley를 발음할 때 마땅히 강세를 두어야 하는 alley의 a에 강세를 주지 않는 큰 차이를 만들었고, 그 결과로 으스스하게 무서운 마법사의 뒷골목에 떨어진 것이죠.

이와 같이 한 단어인 경우와 여러 단어일 때 달라지는 강세의 차이로 세상을 풍자한 영화 제목도 있습니다. 영화 〈트루먼 쇼(The Truman Show)〉입니다. 세트장에서 자란 아이가 자신을 둘러싼 세상을 의심하게 되는 내용으로 현대사회를 풍자한 독특한 영화죠. 주인공의 이름 Truman(성은 Burbank)에서 강세는 앞의 'u'에만 있습니다. 마지막 음절 '‒man'에는 강세가 없기 때문에 모음이 약화되어 '‒먼' 정도로 들립니다.

또한 강세를 받지 않은 모음은 대부분 개성을 잃고 영어의 가장 약한 모음인 schwa(슈와)로 변한다고 앞에서 말씀드린 적이 있어요. 본래 이 이름은 true와 man 두 단어가 결합되어 만들어진 것이죠. 두 단어를 따로 떼어 말하면 각 하나씩 강세가 두 개입니다. 반면 이를 합쳐 만든 Truman은 앞 음절에만 하나의 주 강세가 있습니다. 미국 대통령(Harry S. Truman) 역시 우리말로 '트루맨'이 아니고 '트루먼'이라고 적어서 이러한 영어의 특징을 반영하고 있어요. 흔히 "Ladies and gentleman!" 하며 청중을 부르는 말도 들어 보면 '젠틀맨'이 아니고 '**젠**을먼'쯤으로 앞 음절에만 강세가 있고 두 번째 음절의 모음은 제 빛깔을 잃고 가장 약한 모음으로 변합니다.

〈트루먼 쇼〉의 주인공은 미디어 산업의 꼭두각시로 자랐지만, 자신이 처한 상황을 점점 인식하게 되고 결국은 그가 폭풍우를 뚫고 배를 몰아 세트장을 떠나는 결연한 출항을 하는 것으로 막을 내려요. 결국, 트루먼(Truman)이 본래 이 이름이 유래한 문구인 '진정한 사람' 즉, '트루 맨(true man)'으로 거듭난다는 의미인 것 같습니다.

한국인의 영어에서 일어나는 대부분의 발음 문제는 강세를 제대로 두지 않거나 어느 음절에도 명백한 강세를 두지 않은 채 모조리 비슷하게 발음하기 때문입니다. 가장 흔한 예로 Korea, America, Japan, Argentina, Iran 같은 나라 이름에서 강세를 제대로 두지 않거나 헷갈려서 강세를 다른 곳에 두어 생기더군요. 또한 before, afternoon처럼 뒤 음절에 강세가 있는 단어에서 앞 음절에 강세를 두어 어색해지기도 하고요. 두 번째 음절에 오는 강세를 제대로 소리 내지 않아 발음이 이상해지는 대표적인 단어로는 event, bizarre, coyote, consortium을 꼽고 싶네요. 또한 comfortable처럼 좀 길어도 첫 음절에 강세가 있는 경우에 비슷한 구조의 다른 단어들처럼 두 번째나 세 번째 음절에 강세를 잘못 두기도 합니다.

사실 한국어, 특히 서울말은 강세는 없지만 흔히 첫음절을 강조하는 것이 특징입니다. 그러니 이 기본 설정값 때문에 대부분의 한국인에게 영어 강세가 어려운 것이지요. 강세를 모르면 영어 단어를 제대로 발음할 수 없어요. 그래서 강세를 이해하는 것이 영어 말소리를 이해하는 첫걸음입니다. 언어의 기초인 단어 지식 역시 그 단어를 올바로 소리를 낼 줄 알아야 가능한 것이잖아요? 따라서 새로운 영어 단어를 만나면 제일 먼저 강세의 위치부터 알아야 합니다.

몰랐던 단어를 새로 알게 된다는 것은 단어의 소리와 그 소리가 뜻하는 바, 즉 의미의 결합을 알게 되는 일입니다. '소리'

라는 외형과 '의미'라는 내용이 결합한 것이 단어이기 때문이죠. 물론 그 단어의 품사, 철자, 유래, 다른 단어들과 결합해서 쓰이는 방식, 예문, 비슷한 말과 반대말 등의 정보까지 알아야 비로소 제대로 아는 것이긴 합니다. 하지만 단어를 아는 첫 단계는 먼저 그것을 제대로 소리를 내어 말하면서 그와 결합된 의미를 아는 것이죠. 그래서 영어 말소리를 지배하는 강세의 중요성은 아무리 강조해도 지나치지 않습니다.

　그럼 강세에 알맞게 발음을 잘하기 위해 어떻게 해야 할까요? 간단해요. 들어 보면 됩니다! 요즘은 대부분 스마트폰이나 인터넷에서 사전을 찾아보니까 소리 버튼을 눌러 곧장 원어민의 발음을 들어 볼 수 있어요. 주 강세는 어디인지, 제2 제3 강세가 있다면 어디인지, 강세가 없는 음절은 어떤 식으로 축소되는지 들어 보세요. 그리고 꼭 소리 내어 따라해 보세요. 이것만으로도 여러분의 영어 발음이 훨씬 좋아지게 됩니다.

Ralph Lauren

비슷한 듯 다른 소리들

The best leaders are readers of people. - John C. Maxwell

가장 훌륭한 지도자는 사람들을 읽어 내는 사람들이다. – 존 맥스웰

Ralph Lauren, 소리 내어 읽어 보세요. 좀 어려운가요? 그럼 "pearly necklace"는요? "Are you really at the library?" "Leaders are readers"는 어떠세요? 눈치 채셨나요? 모두 영어 r과 l이 한데 쓰인 문구입니다. 한국어에 '르'로 표기하는 비슷한 발음이 있지만, 영어에서는 명확히 이 둘을 구분해야 하니까 이런 단어를 발음할 때면 얼버무리기도 합니다.

　영어와 한국어를 구성하는 기본적인 말소리의 수는 비슷하지만 그 분포에서 차이가 납니다. 전 세계의 언어는 6,000개가 넘지만, 말소리는 100개 이내의 비슷한 조음 방식으로 이루어진 개별 소리들로 이루어져 있어요. 영어와 한국어도 자음과 모음을 합쳐 50개 남짓으로 수가 비슷하고 조음 방식도 다른 점보다는 비슷한 점이 많은 편입니다.

　의미의 차이를 만드는 기본적인 소리를 '음소'라고 합니다.

이를테면 race(경주, 인종)와 lace(레이스 장식)는 첫소리 r, l 부분만 빼고 나머지 부분의 소리가 똑같잖아요? 그래서 r과 l은 두 단어가 서로 다른 의미를 갖게 만들어 주는 특별한 소리로 각각이 음소임을 알 수 있어요. 한국어로는 '리을'만이 있고 r과 l의 차이는 구분할 수 없으니 우리말 외래어로 '레이스'라고 말하면 영어 race인지 lace인지 구분할 수 없지요. 즉 한국어에는 리을 하나만이 음소입니다.

영어의 음소들 중에는 영어에만 있고 한국어에는 아예 없는 소리가 몇 있는데, 이들은 발음하는 방식부터 생소하니 주의를 기울여 익히게 됩니다. 철자로 f, v, th 등으로 쓰는 소리들이죠. 이 중 f, v는 윗입술로 아랫입술을 살짝 물어서 그 사이로 공기가 빠져나오는 소리인데 불어나 스페인어 등 서양의 언어에도 있어서 그리 낯설지 않아요. 치간 마찰음인 th 소리는 윗니와 아랫니 사이에 혀끝을 내보냈다가 들여오면서 소리 내는 독특한 것이라 신경이 더 쓰입니다. 이 소리는 전 세계적으로도 스페인과 그리스 일부 지역의 방언에서나 찾아볼 수 있는 정도로 흔치 않아요. 이런 독특한 소리들은 처음부터 바짝 신경 써서 익히니까 웬만하면 다들 잘합니다. 한국어로 수입되는 단어에서는 이들을 가장 비슷하다고 여기는 소리인 피읖(f, father)파더), 비읍(v, vote)보우트), 쌍디귿이나 쌍시

옷(th, thank you)땡큐, nothing〉나씽) 등으로 바꾸어 쓰지만, 우리는 이들이 본래 아주 다른 소리라는 것을 알고 있기에 영어로 말할 때면 늘 바짝 신경을 씁니다.

하지만 영어에도 있고 한국어에도 있으면서 살짝 다른 소리에는 그다지 주의하지 않고 편하게 생각하죠. 그런데 막상 영어를 사용하다 보면 이들을 정확히 발음하지 못해 영어 발음을 어색하게 만들고 소통 장애를 일으키는 원인인 경우가 많더라고요. 대표적인 것이 바로 한국어 '리을'과 비슷하지만 두 가지로 구분되는 영어 r, l의 발음이고, 다음으로는 s, z, sh, dz, ch, dg 등으로 적는, 한국어의 '스, 즈, 슈, 쥬, 취, 줘'와 비슷한 소리들입니다.

제가 아는 교수님은 유학 시절 주말에 뭘 했냐는 질문에 '강에 놀러 갔었다'고 했다가 'What's wrong with your liver?'라며 간이 대체 어떻게 아프냐고 자꾸 물어 난감했다고 합니다. 나중에 강(river)을 잘못 발음해서 오해가 생겼다는 것을 알게 된 상대방이 웃음을 터뜨려 무척 속상하셨다고 해요. 강 'river'와 간 'liver' 외에도 비율 'rate'와 늦은 'late', 날것 'raw'와 법 'law', 옳은, 가벼운 'right'와 불빛 'light', 자라다, 키우다 'grow'와 빛나다 'glow' 등은 같은 단어들도 정확히 발음하지 않으면 헷갈리기 쉬운 단어들입니다.

음소는 실제로 어떤 환경에서 쓰이느냐에 따라 약간씩 다른 소리로 바뀌어 나타나기도 해요. 특히 r과 l은 자음이라도 막힘없이 흐르는 듯한 소리라서 유음(liquid)이라고 부르는데 단어의 중간, 끝, 어떤 모음 뒤에 위치하느냐에 따라 조금씩 소리가 바뀝니다. 단어의 첫머리에 오는 경우엔 구분하기가 그리 어렵지 않습니다. 단어 첫머리의 [r]은 입술을 살짝 둥그렇게 하고 혀는 위로 휘며 뒤로 넘기면서 입천장에는 닿지 않도록 하며 중립적인 모음 '어' 정도의 소리를 내면 미국식 영어의 권설접근음(retroflex approximant)인 [r]이 만들어집니다. 반면 단어 첫머리의 [l]은 혀끝을 윗 앞니 위쪽, 입천장이 시작되는 부분에 딱 붙이고 중립적인 모음 '어' 소리를 내면 됩니다. 한국어의 리을도 주변 환경에 따라 조금씩 다르게 나타나는데, 이를테면 '가라'라고 할 때처럼 모음 사이에서는 영어 [r]에 가깝고, '칼'이라고 할 때처럼 단어 말미에 오면 영어 [l]에 비슷한 소리가 납니다. 단어 첫머리를 살펴본다면, 본래는 두음법칙에 따라 'ㄴ'으로 변하거나(신라 > 나당연합군) 아예 탈락했지만(금리 > 이자) 요즘은 [r]에 가까운 소리로 나타나지요. 즉 '라면'이나 '래미안'처럼요.

모음 뒤에 나오는 [r]의 발음은 허쉬 초콜렛 이야기에서 말씀드렸듯이 전 세계 영어를 둘로 나누고 있어요. 이 발음을 할 것인지 안 할 것인지는 선택입니다. 우리나라에서 가르치는 영어는 암묵적으로 미국식이므로 대부분 모음 뒤에 오는 [r] 발음을 합니다. 하지만 한국어로 들여와 사용할 때는 이 발음이 약하기 때문에 떼고 사용하죠. 예컨대 working girl이 '워킹걸'이 되므로 walking girl과 구분할 수 없어요.

그리고 [l]의 발음도 여러 종류입니다. 소리가 거의 나지 않는 경우도 있고(almost, always, almond 등), 단어 끝의 l의 발음은 대부분 명쾌한 [l] 소리지만(seal, tall, people 등) 후설모음인 [u]와 [o] 뒤에선 그 빛깔을 현저하게 잃습니다. 이를테면 cool, hall 등에서는 거의 모음 [u] 소리에 가깝게 되어 혀끝이 입천장에 닿지 않아 자음의 특징이 거의 사라집니다. 이와 약간 다르긴 해도 연구개음이나 비음 자음 앞에서 [l] 소리의 모음화가 이뤄져서 milk나 film 같은 단어는 마치 '미역'이나 '피음'을 재빨리 발음한 것 같은 느낌이죠.

물론 한국인들만 영어 유음의 발음을 어려워하는 것은 아닙니다. 특히 동양의 세 언어인 중국어, 한국어, 일본어 화자들이 그렇지요. 이 셋은 인근 지역에서 사용되지만 서로 유래부터 다르다고 짐작되는 독특한 언어들입니다. 한자문화권이라는 공통점이 있지만, 그것은 역사적으로 나중에 형성된 것이고 문자에만 해당해 부차적이죠. 즉, 소리에 기초한 본래의 세 언어는 매우 독립적이고 다릅니다.

이 세 언어를 사용하는 사람들의 영어에 대한 통념이 있죠. 일본인보다는 한국인이, 한국인보다는 중국인이 영어를 더 잘한다고요. 언어학적으로 근거가 있어 보입니다. 모음의 수와 음절 구조, 문장 구조 등 언어의 기초적인 구조에서 영어에 더 유사한 순서이기 때문이에요. 물론 학습 방식, 개인 차이 등 외국어 학습의 조건이 다르니 단언하기는 어렵습니다. 하지만 그럼에도 불구하고 세 나라의 화자들이 공통적으로 어려워하는 것이 하나 있으니, 바로 영어의 [r]과 [l]을 잘 구분하는 것이지요. 세 언어 모두 유음을 하나씩만 갖고 있기 때문에 영어처럼 유음이 두 개인 언어를 만나면 구분하기 어려울 수밖에요. 역으로 생각하면 이 발음만 잘해도 영어를 아주 잘하는 것으로 느껴지게 할 수 있어요. 어떠세요? 연습할 가치가 충분하지 않나요?

"Oh, really?"(아, 정말?) 이 말을 대부분의 일본인들은 "아, 리아리?" 정도로 발음하는데, 들어 보셨는지요? 대부분의 한국인들은 이보다는 좀 더 영어에 가까운 발음을 할 것입니다. 영어의 유음 두 개를 확실히 구분하는 게 관건이죠. 이때 [r]은 입술을 조금 둥글게 하고 혀를 살짝 말아 뒤로 보내지만, [l]

에서는 뒤로 말았던 혀를 구강의 앞쪽으로 다시 가져와 혀끝으로 입천장이 시작되는 초입에 살짝 대면서 발음하는 겁니다. girl, pearl처럼 [r]과 [l]의 순서인 편이 그 반대보다 흔하니 이 순서로 발음하기에 도전해 보세요. 그 발음, 아주 멋질 거예요!

입술의 둥글림이 관여하는 것으로 보이는 자음의 발음에는 [r] 외에도 ship, massage, church, bridge 등에 나오는 [ʃ], [ʒ], [tʃ], [dʒ]가 있는데 이들은 see, syrup, zero, zoo처럼 입술을 옆으로 늘여 발음해야 하는 [s], [z]와 차이가 큽니다. 입술을 둥글리는 소리에 주의를 기울이는 만큼 흔히 쓰는 이 같은 단어를 발음할 때는 입술을 옆으로 길게 하며 깍쟁이처럼 강하게 발음해야 한다고 앞서 말씀드렸지요.

발음 훈련 문구를 혀를 비틀게 만든다는 의미로 'tongue twister'라고 불러요. 영어의 [r]과 [l]이 같이 쓰이는 문구로 "Larry Lee walks with a very large dog"가 있고 [ʃ]와 [s]가 같이 쓰이는 "She sells seashells by the seashore" 같은 것이 있죠.

자주, 그리고 꾸준히 연습하세요. 처음에는 비슷하게 들리던 소리가 아주 명확하게 구분되실 거예요.

단어 공부

1

오래전 기억을 떠올려 보세요.
학교에서 또는 학원에서
수많은 영어 단어 암기에 고생했던 때.
어렵게 외웠지만 금세 잊어버리곤 했던 단어,
이제는 그 속에 담긴 이야기와 함께
재미있게 익혀 봅니다.

이스터 에그
Easter Eggs

부활절이라는 선물

The greatest gift of Easter is hope. - Basil C. Hume

이스터가 주는 가장 큰 선물은 희망이다. - 베이즐 흄

기독교 신자들에게 크리스마스 못지않게 큰 행사는 부활절입니다. 부활절을 영어로는 '이스터(Easter)'라고 부르죠. 그런데 이 말은 기독교와는 관계없는, 앵글로 색슨(Anglo Saxon)족이 섬기던 봄의 여신 에오스트레(Eostre)의 이름에서 유래했다고 추측됩니다. 봄의 여신이 상징하는 것에 풍요와 다산, 빛과 새벽 등이 있고 여신의 이름 에오스트레는 언어적 형태가 비슷한 동쪽(East)과도 관련이 있어요. 즉, 이날은 부활절이기에 앞서 긴 겨울이 지나가고 새봄이 시작됨을 알리는 날이었던 겁니다.

이스터라는 명절을 시작한 앵글로색슨족은 지금 영국인들의 조상이에요. 더 정확히 이들은 독일 북부에 살던 부족들로 앵글즈(Angles), 색슨즈(Saxons), 쥬츠(Jutes)족으로 이뤄져 있었습니다. 이들 중 한 부족인 앵글족의 말이라는 뜻에서 'English'라는 단어도 만들어진 것이지요. 그래서 이스터라는 명칭보다 '부활'의 의미가 더 담겨있는 것은 아무래도 달걀인 것 같아요. 이 무슨 황당한 결론이냐고요? 그렇지도 않습니다. 봄의 여신이 알에서 깨어나는 옛날 그림도 많다고 하니 봄과 부활, 그리고 달걀의 결합은 아주 오래된 일 같거든요.

달걀이 부활의 상징이 된 이유는 겉으로 봐선 느껴지지 않지만 안에 생명력이 잠재해 있기 때문입니다. 가장 유력한 해석이죠. 게다가 달걀 껍데기가 빈 무덤을 상징한다는 기독교적인 해석도 있고, 묵은 달걀을 먹어야 했던 역사적인 배경도 있습니다.

오래전 기독교인들은 예수님이 당한 고난을 함께한다는 의미로 40일간 식사를 절제하고 마지막 일주일은 철저히 한 끼를 굶는 금식을 했습니다. 그래서 이 기간 동안 닭장에 먹지 않은 달걀들이 쌓이니 마지막 날에 이것을 거두어 삶아서 같이 깨뜨리면서 부활을 축하했다고 해요. 처음에는 예수님이 흘린 피를 상징하는 붉은색으로 달걀을 물들였는데, 점차 다양한 색깔로 바뀌고 정교한 장식까지 추가됐습니다. 아마 예술 작품의 경지에 이른 서양의 에그 아트를 보신 적이 있을 거예요.

이런 사연 때문에 부활절에는 달걀을 빼놓을 수 없습니다. 그래서 어른들은 서로 삶은 달걀 꾸러미나 바구니를 선물하고, 아이들에게는 예배 후 교회 정원에 숨겨둔 색칠 달걀을 찾게 하는 풍속이 생겼습니다. 서양에는 '가진 달걀을 전부 한 바구니에 담아선 안 된다(Don't put all your eggs in one basket)'라는 격언이 있지만 아마 부활절의 삶은 달걀만큼은 예외가 되겠네요.《코믹 사전(Esar's Comic Dictionary)》을 쓴 에반 에사(Evan Esar)는 '이스터는 아마도 달걀을 전부 한 바구니에 담아도 안전한 유일한 날이다(Easter is perhaps the only time when it's perfectly safe to put all of your eggs in one basket)'라고 했죠.

달걀 찾기 놀이인 에그 헌트(egg hunt)에는 토끼라는 또 하나의 상징과 초콜릿의 달콤한 맛이 더해졌어요. 토끼는 한번에 새끼를 많이 낳는다 해서 새 생명과 풍요로움의 상징이 됐는데, 에그 헌트에서 달걀 숨기는 역할을 맡아서 재미를 더합니다. 초콜릿은 달고 부드러워 서양의 기념일마다 등장하지만, 달걀이나 토끼 모양으로 만들기 쉬워서 특히 부활절에 인기 만점이지요.

참, 영어로 '토끼' 하면 래빗(rabbit)이 떠오르시죠? 이것이 일반적인 명칭이고, 야생토끼를 뜻하는 헤어(hare)도 있지만, 부활절 토끼는 이들과 달리 버니(bunny)라고 부르는 어리고 작은 토끼입니다. 큰 쥐(rat)와 생쥐(mouse)를 구분하듯이 이들은 크기와 느낌에서 좀 달라요. 작고 귀여운 부활절 토끼인

이스터 버니(Easter bunny)는 달걀에서 깨어난 노란 병아리들(chicks)과 함께 새로운 시작을 알립니다. 이런 풍속에 따라 '부활절 달걀(Easter egg)'이라는 문구에는 부차적인 뜻이 두 가지 생겨났습니다. 첫째는 색칠한 달걀처럼 '두터운 화장을 한 얼굴'이고, 둘째는 에그 헌트 속 달걀처럼 '숨겨 놓은 뜻밖의 재미'입니다. 예를 들어 컴퓨터 게임에서 숨겨진 재미를 Easter egg라고 하는 거죠. 그래서 부활절에 주고받는 카드에는 당신이 찾고자 하는 것을 즐겁게 찾으라는 뜻으로 '해피 서칭(Happy searching)!'이라고 적기도 합니다.

어린 시절에 부활절 달걀을 받아 본 적이 있으세요? 제 어린 시절에는 이런 날이면 종교를 뛰어넘어 교회에 가는 아이들이 많아지곤 했어요. 어린이날이나 크리스마스도 좋았지만, 부활절도 특별했습니다. 햇살이 따스한 봄날에 예쁘게 색칠한 달걀이 가득 든 바구니가 안겨 주는 풍요로움과 꽃밭 사이에 숨겨둔 달콤한 초콜릿으로 만든 달걀이나 토끼를 찾아내는 기쁨은 상상만 해도 기분이 좋아져요.

2022년부터 교황께서는 부활절마다 전쟁으로 고통받는 우크라이나 어린이들에게 초콜릿 달걀을 선물하시더군요. 이 역시 전쟁의 공포를 딛고 일어서라는 새 희망을 상징하는 것이겠죠? 사람은 희망 없이는 살 수 없으니까 말예요.

예수님의 부활은 봄이라는 계절과 만나 희망의 축일이 되었습니다. 예수님이 이날 죽음을 넘어 부활하셨듯이, 만물이 죽은 것 같았던 겨울을 지낸 후 봄날은 새로운 생명이 살아 움트는 시간인 것이죠. 민간 풍속과 종교적 의미가 한데 섞인 부활절 축일이 있는 아름다운 봄날, 나는 과연 무엇을 위해 살아가고 있는지, 그 의미까지 찾아낸다면 더할 나위가 없겠지요?

부활절과 관련된 단어와 문구는 이제 저절로 떠오르실 거예요. 연관된 내용을 함께 알아 두는 것이 단어를 지치지 않고 꾸준히 익히는 비결입니다.

해피 이스터(Happy Easter)! 해피 서칭(Happy Searching)!

프레지던트
President

워싱턴의 생각

If your actions inspire others to dream more,
learn more, do more and become more,
you are a leader. - John Quincy Adams

만일 당신의 행동이 다른 사람들에게 더 꿈을 꾸게 하고, 더 배우게 하고,
더 행동하게 하고, 더 잘되도록 영감을 준다면, 당신은 지도자다. - 존 퀸시 아담스

영어로 대통령을 뜻하는 '프레지던트 (president)'는 본래 여럿이 모일 때 '앞에(pre-) 앉는(sid) 사람 (-ent)'이라는 의미입니다. '회의를 주재하다'라는 preside, '사회자'인 presider와 어원을 공유하며 학생회장, 모임의 장, 사장을 뜻하는 단어이기도 하지요.

이 단어의 뿌리는 라틴어 prae와 sidere이지만, 역사적으로는 라틴어의 후손인 중세프랑스어에서 영어로 유입됐습니다. 1066년 영국의 왕 에드워드가 후사 없이 죽자 바다 건너 노르망디의 공작 윌리엄이 왕의 친척으로서 계승권을 주장하며 쳐들어옵니다. 이를 노르만의 정복(Norman Conquest)이라고 하는데, 영국의 지배층이 프랑스어를 쓰는 사람들로 바뀌어 200여 년간 영어가 수모를 겪게 되지요.

이 역사적인 사건을 계기로 중세영어와 중세프랑스어는 밀접한 접촉 상황에 놓이게 됩니다. 두 언어는 먼 옛날 (고대)인도유럽어(Proto - Indo - European Language, '인구어'라고도 부름)라는 모어에서 분리된 것으로 추측되지만 일찍이 큰 갈래로 달라져 발전했는데, 이 시기에 다시 만난 셈인 거죠. 즉, 영어는 어족 분류상으로 독일어와 조상이 같은 게르만어(Germanic language)이지만, 프랑스어는 스페인어, 이태리어와 조상이 같은 로맨스어(Romance language)입니다.

많은 사람들이 불어와 영어가 한 뿌리를 가진 아주 가까운 언어라고 생각하지만, 실상 둘은 근본은 같을지라도 계통이 크게 갈라져 시간이 흐르면서 멀어졌기 때문에 구조적인 차이가 큰 편입니다. 프랑스, 스페인, 이탈리아 사람들보다 독일, 덴마크, 네덜란드 사람들이 훨씬 더 영어를 잘하는 이유가 바로 이 때문입니다. 이 시기에 프랑스어가 영어에 영향을 끼친 것도 구조적인 면이 아닙니다. 단순화에 기여한 측면이 조금 있긴 하지만, 가장 큰 영향은 프랑스어의 고급스러운 느낌의 단어들, 특히 문화와 사회제도 관련 용어가 영어에 많이 유입됐다는 점이기 때문입니다. 짐작하시듯 president도 그런 어휘들 중 하나입니다.

그런데 프레지던트를 '민주주의 국가의 수반'이라는 의미로 사용한 것은 영국인들이 아니라 미국인들입니다. 미국의 초대 대통령 조지 워싱턴(George Washington)이 처음 사용했으니까요. 워싱턴이 애초부터 탁월한 지도자감은 아니었는지도 모릅니다. 그에 관해 흥미로운 일화가 많지요. 어린 시절 도끼가 잘 드는지 보려고 벚나무를 베었다가 아버지가 크게 화를 내자 거짓말을 할 수는 없다며 잘못을 고백했다는 일화가 유명하지만, 이것은 만들어진 이야기라고 합니다. 사실 조지 워싱턴은 젊은 시절 훤칠한 키만큼 출세욕과 허영심이 컸다는 설까지 있습니다. 하지만 11세에 아버지를 여의고 독학으로 스스로를 단련한 그는 꾸준한 노력으로 자신을 성찰하며 공동체의 이익을 중시하는 인물로 성장합니다. 그리고 독립군의 총사령관이 된 후엔 수많은 난관을 뚫고 미국의 독립전쟁을 승리로 이끌어 누구에게나 크게 존경받게 됩니다. 마음만 먹으면 왕과 다름없는 권세를 누릴 수도 있을 정도였지요.

그런 워싱턴이 맡을 새로운 최고위직의 명칭으로 '전하'에 해당하는 극존칭인 highness와 excellency가 들어간 길고 다양한 문구들이 고려됐습니다. 하지만 그 자신과 많은 사람들이 숙고한 끝에 '선출되어 잠시 나라를 대표한다'는 의미로 가장 소박한 단어 president를 택합니다. 즉, 이 단어에는 한 사람에게 힘을 실어 주면서도 평등을 강조하고 부작용을 배제하겠다는 민주주의의 의지가 담겨 있습니다.

우리말의 '대통령'은 어떤가요? 한자어 '대(大), 통(統), 령(領)'이 각각 의미를 갖는다고 볼 수 있지만, '통령'이 단어를 이뤄 근대기에 조선, 청나라, 일본에서 두루 쓰였습니다. 이는 '선단을 이끄는 자' 혹은 '장군'을 지칭하는 관직명이었다고 해요. 여기에 '클 대(大)' 자를 붙여 임시정부 시절부터 사용했습니다. 중국이 왕정을 끝내고 근대적인 정부를 세웠을 때 쑨원이 맡았던 직위명은 대총통이었지만, 요즘 대만에서는 같은 직위를 총통이라 부르고 여기에 '대'는 붙이지 않습니다. 그래서인지 우리가 쓰는 대통령이라는 단어는 좀 권위적이라는 느낌을 주는 것 같아요. 대의원처럼 '대신할 대(代)'를 썼다면 달랐을까요?

하지만 어원과 상관없이 대통령의 의미를 만들어가는 것은 지금 이 단어를 사용하는 우리들입니다. 어느 자리에 있든지 누구나 민주주의의 주체라는 생각으로 최선을 다한다면, 대통령을 '통치하는 큰 권력자'가 아닌 '우리를 대신해 잠시 나라 살림을 맡아 근간을 세우는 지도자'라는 의미로 만들 수 있겠지요.

워싱턴은 연임 후 더 일해 달라는 청을 권력을 사랑하면 독재에 빠지기 쉽다고 물리치고, 진정한 힘은 권력을 버리는 데서 온다며 고사합니다. 영국의 조지 3세 국왕은 화가인 벤자민 웨스트에게서 워싱턴이 은퇴하려 한다는 말을 듣자 믿지 못하겠다면서 "만일 정말로 그렇게 한다면 그는 세상에게 가장 위대한 사람이 될 것이다(If he does that, he will be the greatest man in the world)"라고 말했다고 합니다. 그런데 워싱턴은 미국이라는 새로운 나라에 대한 희망과 믿음을 갖고 있었고, 은퇴 후 고향에 돌아가 소박하게 살고 싶다는 열망이 있었기에 정말로 퇴임했고 위대한 인물이 되었지요.

다만 그는 국민들에게 "지나친 당파의 대립과 권력의 집중을 끊임없이 경계하라"는 말을 고별사에 남겼어요. 그는 특히 지역 차별에 기반을 둔 당파의 위험성(the danger of parties … with particular reference to the founding of them on geographical discriminations)을 강조했지요. 어쩌면 이것이 세계 최초의 대통령이 민주주의를 사랑하는 후대에 전하는 당부가 아닐까요.

어원(etymology)을 알면 단어를 익히는 데 도움이 됩니다. 물론 모든 단어에 대해 다 어원을 알아야 하는 것은 아닙니다. 흥미가 생기는 단어에 대해서 때때로 찾아보면 지루하지 않게 단어를 익힐 수 있지요.

지금 세계 곳곳에서 벌어지고 있는 정치적 대립을 생각하니, 새삼 워싱턴의 마지막 말을 되새겨 보게 됩니다.

스프링
Spring

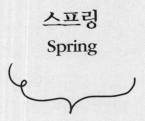

다의어와 동의어

Spring is far more than just a changing of seasons;
it's a rebirth of spirit. I challenge you to make your life
the masterpiece you want to paint, the novel you want to
read, the day you want to wake to. - Toni Sorenson

봄은 그저 계절 바뀜이 아니다. 정령의 새로운 탄생이다. 나는 당신이 자신의
인생을 원하는 대로 색칠한 역작이고, 스스로 읽고 싶은 소설이고,
다시 깨어나 살고픈 날로 만들기를 촉구한다. - 토니 소렌슨

왜 봄을 영어로 '스프링(spring)'이라고 하는지 아세요? 침대의 용수철 스프링과 무슨 관계가 있을까요? 저는 스프링 하면 늘 용수철이 함께 떠오르거든요. 물론 spring은 두 가지 의미를 다 갖고 있는 단어입니다. 하지만 봄과 용수철이 제게 함께 떠오르는 건 소설과 영화로 널리 알려진 〈샬롯의 거미줄(Charlotte's Web)〉에 나오는 새끼 돼지 윌버(Wilbur) 때문이기도 합니다. 영화 얘기로 이 두 가지 의미의 관계에 대해 살펴볼까요?

윌버는 사람들이 자신을 '스프링 피그(spring pig)'라고 부르자 용수철처럼 점프를 잘한다는 칭찬으로 알아요. 실제로 그에게 뒤로 점프하는 재주가 있기 때문이지요. 하지만 이내 이 문구가 '용수철 돼지'가 아니라 '봄에 태어난 돼지'라는 뜻으로, 크리스마스 전에 햄과 베이컨이 되어 식탁에 오른다는 의미까지 포함돼 있음을 알게 돼요. 겨울이 되면 말로만 듣던 눈을 보고 싶었는데 못 보고 죽을 거라니 엄청 슬픈 데다가 농장 주인이 훈제 하우스에 대해 이야기하자 윌버는 그만 기절하고 맙니다. 몸이 굳어 옆으로 퍽 쓰러지는 연한 분홍색의 새끼 돼지는 비극적인 장면에서도 아주 귀엽습니다.

그런 윌버에게 헛간 문틀에 사는 거미 샬롯(Charlotte)이 친구가 되어 주고 돕겠다고 약속해요. 똑똑한 샬롯은 윌버를 칭찬하는 말을 밤새 거미줄로 써서 사람들을 놀라게 하고 이목을 끕니다. 윌버의 인기가 높아지면 살 수 있을 거라면서 말이죠.

샬롯이 거미줄로 쓴 첫 번째 문구가 'some pig'입니다. 그런데 some을 몇 개의, 어떤, 불특정의, 별거 아닌 정도의 뜻으로만 알고 있다면 이게 왜 칭찬인지 이해하기 어렵죠.

즉, spring에는 봄 말고도 '용수철, 샘물, 튀어 오르다'같은 의미가 있듯이 some에는 반어적으로 생겨난 '멋진, 굉장한'이라는 의미도 있거든요.

이렇게 한 단어가 여러 의미를 갖는 경우에 '다의어(polysemous word)'라고 합니다. 반면, 의미상 관련 없는 단어들이 소리만 같은 경우는 '동음어(homonym)'라고 하고요. 예를 들어 '야구 방망이' bat와 '박쥐' bat는 동음어입니다. 얼핏 spring도 의미들 사이에 관련이 없는 동음어가 아닐까 싶지요? 하지만 봄에 새싹이 돋아나니 솟아난다는 의미가 있고 '봄, 용수철, 샘물, 튀어 오르다'라는 의미가 모두 하나의 어원을 공유하므로 다의어로 봅니다. 하지만 그 사실을 혼돈한다 해도 별 문제는 없어요.

다의어와 동음어는 어느 언어에나 있는 자연스러운 현상이지요. 많은 단어가 다의어이고 동음어도 꽤 많이 있어요. 저는 안중근 의사의 직업이 의사인 줄 알았다는 사람을 본 적이 있습니다. 그분이 어떤 분야 진료를 하셨는지 궁금하다고 하더군요. 의로운 일을 한 의사(義士)와 환자를 치료하는 의사(醫師)처럼 한자어 단어에는 동음어가 많습니다.

다의어와 동음어는 오해를 일으키거나 농담의 소재가 되곤 하지만 맥락을 살펴보면 대부분 의미를 파악할 수 있습니다. 예컨대 다의어 store가 동사 '저장하다'인지 명사 '가게'인지는 앞뒤를 살펴보면 곧 알 수 있죠. 우리말의 다의어 '머리(신체 부위, 지능, 머리카락)'나 동음어 '배(신체 부위, 교통수단, 과일)'도 맥락을 통해 어떤 의미로 쓰였는지 대부분 알 수 있잖아요.

그래서 외국어를 잘하려면 하나의 단어가 다른 뜻을 갖거나 소리만 같은 다른 뜻의 단어일 수 있음을 인지하고 그럴 가능성을 열어 두어야 합니다. 사실 spring의 경우처럼 다의어와 동음어를 구분하기 어려운 경우도 있으니까 이 둘을 구분하려고 너무 애쓰지 않아도 됩니다. 사용할 때는 그 사실을 몰라도 아무 상관이 없거든요.

〈샬롯의 거미줄〉에서 샬롯이 윌버를 칭찬하려고 쓴 문구는 모두 네 개였습니다. some pig 다음으로는 모두 한 단어였는데, 샬롯은 문틀에 매인 자신과 달리 자유롭게 돌아다닐 수 있는 쥐 템플턴에게 멋진 단어를 구해오라고 주문하죠. 이 점은 현명한 샬롯의 탐구하는 자세를 보여 주는 것 같아요. 템플턴이 찾아온 세 단어는 terrific, radiant, 그리고 humble이었습니다. 누구하고나 친구가 되고, 늘 환하게 미소 짓는 낙관적인 윌버이지만 terrific이라는 단어에 대해서는 "But I am not terrific!"이라며 자신은 특별할 것이 없다며 부끄러워해요. 사실 그의 가장 큰 미덕은 마지막 단어에 가장 잘 드러나지요. 자그마한 체구의 윌버는 올해의 돼지로 선정된 커다란 돼지와 비교하면 실제로 존재 자체가 겸손하기도 하니까요.

많은 사람들이 샬롯이 고른 단어에 온 마음으로 동의했기에 윌버는 결국 마을 축제에서 상을 받아 살아남고 겨울에 눈도 볼 수 있게 됩니다. 한편 윌버는 자신을 위해 애쓴 샬롯이 죽으며 남긴 고치를 헛간으로 가져와 무사히 부화시켜서 500마리가 넘는 샬롯의 자녀들을 만나게 됩니다. 이렇게 새끼 돼지와 거미는 진정한 우정이 가치롭다는 것을 보여 주죠.

소설과 영화 어느 것이든 감상하시길 추천해요. 새로운 생명이 용수철처럼 튀어 오르며 솟아나는 봄날 '스프링'에는 우리도 발에 스프링을 단 듯이 신나게 방방 뛰어 보는 상상을 하면서요.

하나의 단어에 여러 의미가 있는 다의어든, 관련이 없는 다른 의미인데 소리만 같은 동음어든 스스로 관심을 갖고 찾아 보는 건 어떠세요? 일상의 대화에서 쓰일 수 있는 수많은 다의어와 동의어를 통해 여러분의 영어 실력이 한층 더 좋아지게 됩니다.

애플
Apple

감사의 마음으로

Teacher, you may not see the fruit of today's work,
but you have seeded a lifetime of knowledge.
- Message from a card for teachers

선생님, 당신은 오늘 하신 일의 열매를 볼 수 없을지도 모릅니다만,
한평생 갈 지식의 씨앗 하나 이미 심으셨습니다.
- 선생님을 위한 카드에 쓰인 문구

미국에 스승의 날은 없지만, 선생님께 사과를 드리는 전통이 있습니다. 개척시대에 보수도 없이 일하던 선생님의 생계를 돕던 데서 시작되었다고 하네요. 이 전통은 이제 사라졌지만 학기 초에 선생님께 잘 닦아 반짝이는 사과를 드리거나 상징처럼 남아서 선생님을 위한 카드나 컵에 사과 문양이 들어가기도 합니다.

왜 하필 사과일까요? 성경에 나온 '금지된 과일(the forbidden fruit)'이 사과라는 믿음 때문입니다. 사실 선과 악을 구분할 수 있는 지식의 나무(tree of knowledge of good and evil)에서 열린다고 '선악과'로 불리는 이 과일이 과연 사과가 맞는지, 사과의 조상이었던 것인지 알 길이 없어요. 하지만 어느 순간 사람들에게 선악과가 사과라고 인식되면서 사과에는 지혜와 유혹이라는 양면성이 생겨났습니다.

긍정적인 의미에서 사과는 인간이 자신의 위치를 깨닫고

분별력을 갖게 했다는 점에서 지혜와 연결됩니다. 바로 선생님의 사과로 배움과 교육을 상징하죠. 게다가 뉴턴이 중력의 원리를 깨닫는 데 사과가 등장해서 사과의 긍정적인 의미가 강화됐습니다. 영국 옥스퍼드 대학에 가면 지금도 뉴턴의 사과나무라고 불리는 나무가 있습니다. 이 사과나무의 정체도 과연 그 나무의 후손이라도 되는지 의심스럽지만요.

부정적인 의미에서 사과는 인간이 몰래 신의 뜻을 거스르게 한 유혹을 상징하게 됐습니다. 남자의 목 정면에 튀어나온 후두연골 부분을 영어로 '아담의 사과(Adam's apple)'라고 부르는 이유도 이와 관련이 있지요. 아담이 몰래 먹다 목에 걸린 사과 조각의 흔적이라는 뜻이니까요. 흥미로운 사실은 여자에게도 이 연골이 있다는 점입니다. 단지 남자만큼 돌출되지 않았을 뿐이죠.

이와 같은 사과의 양면성은 평소엔 건강에 이롭지만 동시에 죽음에까지 이르게 하는 유혹이라는 점에서 더 극명하게 드러납니다. 사실 사과는 과거 미국에서 건강에 좋은 음식의 상징이었습니다. 우리나라는 약과 음식의 근원이 같다면서('약식동원'이라 하죠) 건강에 좋은 음식을 강조하는 문화이지만 이와 달리 최근까지 미국에서는 어떤 음식이 건강에 좋다는 말을 거의 하지 않았어요. 하지만 사과만은 예외인 것 같습니다. 매일 사과를 하나씩 먹으면 의사를 멀리할 수 있다(An apple a day keeps the doctor away)는 속담이 이를 대변하지요. 여기서 부정관사 'an'과 'a'가 사과 한 개와 하루를 의미해서 굳이 하나라고 수를 표현한 것, 그리고 마을에 의사가 한 분 있던 시대였기에 정관사 'the'를 사용해 서로가 아는 바로 그 의사라고 나타낸 점이 흥미롭습니다.

사실 저는 사과를 챙겨 먹으라는 미국 속담이 좀 이상하긴 합니다. 개량되기 전 사과는 쓰고 신 과일이었고 미국 사과는 지금까지도 별로 맛이 없기 때문이에요. 오죽하면 미국에서는 요리용 사과(cooking apple)와 먹는 사과(eating apple)를 구분할까요. 맛없는 사과는 요리를 해야 비로소 먹을 만해지는데, 보통은 통째로 쪄서 캐러멜이나 초콜릿을 잔뜩 발라 먹거나 설탕에 조려서 애플파이 속으로 만들어 먹죠.

미국인에게 파이는 '어메리칸 파이(American Pie)'라는 노래가 있고, 누워서 떡 먹기라는 의미로 'as easy as pie'라는 표현이 있을 정도로 친숙한 디저트입니다. 그들 누구나 '파이' 하면 엄마가 만들어 주신 파이를 떠올릴 텐데, 그건 십중팔구 애플파이일 거라고 장담합니다. 집집마다 조리법이 조금씩 달라 마치 한국인의 김치와 같은 위치를 차지하죠.

한편 백설 공주를 죽일 뻔한 독이 든 사과와 앨런 튜링이 삼킨 사과는 유혹을 넘어 치명적인 죽음의 매개체입니다. 백설 공주는 예쁜 사과에 넘어가 죽을 뻔했고, 컴퓨터의 아버지 튜링은 당시 영국서 불법이던 동성애로 법원의 판결에 따라 화학적 거세를 받았는데 그 치욕을 견디지 못하고 독을 주입한 사과를 먹고 자살했거든요.

요즘은 사과 하면 스티브 잡스가 세운 아이폰과 맥북 만드는 회사가 떠오르지요? 애플이라는 회사명은 짐작과는 달리 튜링과 전혀 관련이 없답니다. 한입 베어 먹은 무지개 사과 로고는 체리 같은 과일과 헷갈리지 않게 한 디자인 장치일 뿐이라고 하네요. 다만 영어로 '한입(bite)'과 '컴퓨터 메모리의 단위 바이트(byte)'가 동음어라서 재미있습니다.

그런데 사과를 이야기하자면, '내일 지구의 종말이 올지라도 나는 오늘 한 그루의 사과나무를 심겠다'는 말도 같이 떠오릅니다. 미래를 대하는 침착하고 희망찬 태도를 표현하죠. 이 말을 한 사람으로 철학자 스피노자와 종교개혁가 루터가 거론되지만 알려진 것과 달리 누가 한 말인지는 분명치 않다고 해요. 어쨌든 이 유명한 말에서 사과는 자연과 우주를 상징하며 그 의미가 더 심오하네요.

단어를 각각 외우는 것은 어렵고 지루하지만 관련된 이야기나 문구를 함께 알아 두면 즐거운 일이 됩니다. 관련 단어들로 나만의 머릿속 사전을 만들면 빠르게 실력이 좋아진답니다.

감사의 마음을 담아 사과를 선물하고 싶은 여러분의 고마운 이는 누구신가요? 여러분 자신은 누군가에게 그런 사람이 되어 주고 계신가요? 지혜를 전해 주는 인생의 스승들께 감사하는 마음을 새겨 봅니다.

브라우니 포인츠
Brownie Points

생활에서 유래한 이디엄들

Consistency of performance is essential. You don't
have to be exceptional every week but as a minimum
you need to be at a level that even on a bad day you
get points on the board. - Sean Dyche

수행의 일관성이 핵심입니다. 매주 특출할 필요는 없지만 나쁜 날에도
점수를 낼 수 있도록 최소한 어느 수준에 있어야 합니다. - 션 다이치

영어 대화에서 다 아는 쉬운 단어만으로 이루어져 있는데도 무슨 뜻인지 모르겠고 암담해지는 순간을 맞이하는 경우가 간혹 있습니다. 흔히 두 가지 이유 때문이지요.

첫째는 구동사(phrasal verb)일 경우입니다. 이를테면 look up(정보를 찾다), throw up(토하다)처럼 쉬운 동사와 흔히 쓰이는 전치사(이때는 전치사가 아닌 불변화사(particles)로 봅니다)가 결합해 만들어진 것으로 크게 동떨어지지는 않아도 새로운 뜻을 가지는데 그게 무슨 뜻인지 짐작이 안 갈 경우입니다.

처음 듣고 이해하기 힘든 구동사로 back down(도전에서 물러서다), break up with(누군가와 헤어지다), catch up(정보를 업데이트하다), dig in(편하게 먹어라), get away with(교묘하게 벌을 피하다), get over(극복하다), get to(기회를 얻다), get up(기상하다), go away(없어지다, 가버리다, 사라지다), give up(포기하다), look after(누군가를 돌보다), look into(자세히 살펴보다, 조사하다), look up to(존경하다), put up with(누군가를 참아 주다), run into(우연히 마주치다), set off(여행을 시작하다), size up(능력을 가늠하다), take after(누군가를 닮다), take off(떠나다, 이륙하다) 같은 것이 있어요. 그래도 구동사는 자주 쓰이는 것이 많아서 알고 있기도 하고 맥락 속에서 예측 가능하지요.

둘째는 이디엄(idioms)일 경우입니다. 다 아는 단어들이지만 결합해서 새로운 의미를 갖게 된 경우로 숙어라고도 하죠. 우리말로 '바람 맞았다'는 진짜로 얼굴에 바람을 맞아서 시원하다는 의미가 아니라 만나기로 한 상대가 약속을 어겨 황당한 경우를 뜻하듯 영어의 이디엄도 새로운 뜻을 갖게 되지요. 그들의 문화 속에서 만들어진 것이 많아서 원어민들도 기원을 짐작할 뿐 속속들이 이유를 알지 못하는데, 어쨌든 자주 씁니다. 저도 처음 들었을 때 이해가 안 가던 문장에 이디엄이 있더라고요. "He sold me down the river"와 "Did I win some brownie points with you?"가 기억납니다.

이들 중 'sell someone down the river'는 미국의 노예제에서 비롯된 이디엄이에요. 여기서 '그 강(the river)'은 미국을 남북으로 관통하는 미시시피강이죠. 이 강의 하구인 남부 지방에서는 당시 목화 농장의 고된 노동이 노예들을 기다리고 있었습니다. 그런 곳으로 누군가를 팔아 버렸다는 말은 '뒤통

수치다, 심하게 배신하다'라는 의미인 거죠.

한편, 'brownie points'는 걸스카우트와 관련이 있어요. 저도 그걸 어렴풋이 알고는 있었지만 왜 그런지는 몰랐어요. 제복 색인가 싶었지만 제 눈엔 녹색 같았거든요. 그리고 브라우니는 초콜릿이 들어간 디저트의 이름이니까 걸스카우트 대원들이 1~4월 사이에 활동 자금 모금 방법으로 경쟁적으로 파는 박스 쿠키 중에 브라우니 맛이 있나 보다 짐작했어요. 하지만 걸스카우트 쿠키에는 그런 종류가 없더라고요. 물론 브라우니가 특이한 디저트이긴 합니다. 케이크와 쿠키 중간쯤으로 덜 부풀어서 살짝 찐득하죠. 이보다 더 달고 밀가루가 들어가지 않은 퍼지(fudge)도 있긴 하지만, 아무튼 브라우니는 살짝 떡처럼 느껴져요. 달지 않은 빵 중에는 반죽을 삶은 후에 굽는 유대인들의 베이글(bagel)이 이와 느낌이 비슷하고요.

흥미롭게도 brownie points에는 두 가지 기원설이 있습니다. 하나는 걸스카우트와 관련된 것으로 'Brownies'라고 불리는 어린 단원들이 좋은 일이나 도움 되는 일을 했을 때 선배 단원들에게 배지나 도장을 받던 일에 빗댄 말입니다(대원들 중 유치원-1학년을 Daisies, 2-3학년을 Brownies, 4-5학년을 Juniors라고 하는데, Cadettes, Seniors, Ambassadors라고 불리는 고학년 학생들과 성인들도 있어요). 다른 대원들도 마찬가지였겠지만, Brownies는 새로운 일에 도전해야 하는 단계이기 때문에 포인트 쌓기가 중요했던 것 같아요.

이젠 브라우니 포인츠의 의미가 확장되어 가상의 '사회적 재화' 정도로 이해됩니다. 특히 친한 관계나 부부 사이에 한쪽이 뭔가 좋은 일을 하고 되돌려 받거나 칭찬받고 싶을 때 쓰더라고요. 자신이 해낸 일이나 하려는 일이 잘하는 일이라는 점을 확인받고자 할 때 유머러스하게 쓰는 거죠. 즉, Did I win some brownie points with you?는 '제가 잘했죠?' 정도의 의미입니다.

또 다른 기원은 브라우니(Brownie)가 스코틀랜드 신화 속 요정의 이름인데, 남자이고 늙어서 피부가 주름지고 갈색이지만 우렁각시처럼 집안일을 돕는 데서 나온 말이라는 거예요. 이 요정의 환심을 사야 집안일이 잘 돌아간다는 의미로 해석되는 겁니다. 그런데 이와 별개로 걸스카우트 브라우니라는 이름과 갈색 초콜릿 과자 브라우니도 이 요정과 관련 있다고 해요. 어쨌든 브라우니 포인츠는 초콜릿과는 별 관련이 없네요.

이디엄의 세계는 생각보다 넓습니다. 역사적 사실에 기초한 것부터 영국의 항해시대, 미국의 개척시대, 야구 사랑, 축구 사랑, 팝 컬처 등등 그 기원도 참 다양하지요. 남들도 이해하기 어려워하는 이디엄으로 다음과 같은 것들을 꼽아볼 수 있습니다. 예를 들자면 a bone to pick(화났거나 실망했을 경우 그에게 들이밀고 어렵게 말을 꺼내야 할 경우로 목에 걸린 생선가시에 빗댄 말), bite the bullet(누군가 억지로 시켜서 하기 싫은 일을 해야 하는 상황), break a leg(공연 성공을 기원하는 말로 역설적으로 사용됨), elephant in the room(분명한 문제점이지만 드러내서 논의하기 싫은 문제를 빗대어 하는 말), go the extra mile(요구되는 것보다 훨씬 더 부지런하게 일을 하는 경우), kick the bucket(죽는다는 사실을 유머러스하게 빗댄 말), once in a blue moon(아주 드물게), spill the beans(무심코 비밀을 누설하다), the writing on the wall(저주의 말) 등입니다. 이들 모두 단어 하나하나는 모르는 게 없지만, 비유적인 표현이거나 유래가 따로 있는 말이라서, 단어 각각의 뜻만 알아서는 전체의 의미를 알기 어려워요.

구동사나 이디엄은 쉬운 단어들이 색다른 조합으로 만나 새로운 뜻을 갖게 될 수 있다는 걸 알려 줍니다. 모든 언어에 있는 현상이니 그 유래를 이해하려 노력하다 보면 더 재미난 영어 세상을 만날 수 있어요.

단어 공부

2

영어 단어도 구조를 이해하면 좋아요.
우리말처럼 영어에도 음운 규칙이 있고
문법이 존재하거든요.
용어는 다소 낯설고 어렵게 느껴질 수 있지만
단어의 형성 원리를 이해할수록
어휘력이 점점 좋아지는 것을 경험할 수 있어요.

블레쓔!
Bless you!

영향을 주고받는 소리의 법칙

When we give cheerfully and accept gratefully,
everyone is blessed. - Maya Angelou

우리가 즐겁게 주고 고맙게 받을 때, 모두가 축복받는다. – 마야 앤젤루

'블레쓔!(Bless you!)'라는 말 들어 보셨나요? 제가 처음 미국에 갔을 때 이상하리만치 자주 들렸던 구절입니다. 이것은 재채기에 반응하는 말이었어요. 미국인들은 누군가 재채기를 하면 기다렸다는 듯 반박자도 쉬지 않고 재빨리 "블레쓔!"라고 말해 주곤 하더라고요. 심지어 모르는 사람들에게도요.

저는 대학 시절 교환 학생으로 처음 미국에 가 봤는데, 누구에게나 친근하고 다정하게 대하는 문화가 참 낯설고 신기했지요. 모르는 사람과도 눈이 마주치면 살짝 인사를 건네고, 닫히려는 문을 잡고 뒤에 오는 사람을 기다려 주는 친절함이 조금 어색하게 느껴질 지경이었어요. 대도시는 그 정도가 약하겠지만, 제가 갔던 소도시에선 다들 그랬어요. 우리와는 다른 문화라 익숙해지는 데 시간이 좀 걸리더군요. 실제로 미국식 예절의 기본은 되도록 서로를 평등하고 친밀하게 대하는 것입니다.

하지만 남의 재채기에 소리 내어 리액션을 해 주는 건 좀 놀라웠어요. 게다가 이 말을 안 해 주면 큰일이라도 날듯이 누구나 하는 이 말이 더욱 이상했지요. 처음엔 대체 무슨 뜻이지?, 이 사람들이 내 재채기 소리를 흉내 내나?, 재채기한다고 나를 놀리나? 등 온갖 생각이 들었어요. 하지만 가만히 관찰을 해 보니 재채기를 한 사람은 이 말을 들으면 순하고 부드러운 표정이 되어 "Thanks!"라고 답을 하더라고요. 그래서 방금 저 사람이 당신한테 뭐라고 한 거냐고 물어봤죠. 그랬더니, "Bless you!"라고 말하며 걱정해 준 거라고 답하더군요. May God bless you를 줄인 말로 '감기 걸리지 말고 건강하라'는 뜻이래요. 즉, 재채기는 감기 초기 증상이니까 염려해서 신의 가호가 있기를 축복해 준 것이라고요.

이 구절 자체가 마치 재채기 소리를 따라 한 듯이 들린 이유는 bless의 마지막 소리인 '스'/s/와 you의 첫소리인 '야'/y/가 (/ /는 음소를 뜻합니다) 빠르게 말할 때 혼합되면서 입천장소리인 '슈'[ʃ]처럼 되기 때문입니다. 좀 더 구강의 뒤쪽 윗부분으로 올라가므로 '블레스 유'보다는 '블레쓔'처럼 들리게 되는 거죠.

구개음화는 우리말의 '굳이'가 '구지'로 발음되는 것과 같은 원리의 음운 현상인데, 말소리가 만나 서로 영향을 주며 비슷해지는 일종의 동화현상(assimilation)입니다. 흔히 쓰이는 영어 문장인 "Nice to meet you"나 "I miss you"라고 말할 때 끝부분을 '미츄'와 '미쓔'처럼 발음하는 것도 이와 같은 현상이지요.

이 현상에 대해 조금 더 알아볼까요. 구개음화(palatalization)는 많은 언어에서 일어나는 자연스러운 현상입니다. 구개(palate)는 입천장이라는 뜻인데요, 혀끝으로 윗니 뒷부분부터 잇몸을 지나 입천장으로 긁으며 올라가 보면 입천장의 가장 높은 부분인 딱딱한 뼈가 느껴지는 그 부분을 뜻합니다. 이 언저리에서 만들어지는 소리를 구개음이라고 하는데 입천장 시작 부분인 치경(alveolar)이 좁혀져 나는 '스'[s] 같은 소리와 입천장이 좁아지며 나는 소리인 '슈'[ʃ] 같은 소리의 차이를 느껴 보시면 됩니다. 왜 이런 현상이 생길까요? 소리들이 서로 영향을 주고받기 때문입니다. 다음에 나올 발음을 미리 예상하기 때문에 발생하는 경우가 많죠.

Bless you! Miss you!　s + y　→ [ʃ]
Nice to meet you!　t + y　→ [tʃ]

물론 늘 그런 것은 아닙니다. 이를테면 this year [ʃ]는 이런 현상이 일어나지만, this ear [s y]의 경우에는 변화가 일어나지 않아요.

대부분의 사람들이 'Bless you!'를 건강을 기원하는 덕담 정도로 알고 있지만 유독 재채기에만 사용하는 것이 이상해서 유래를 알아보니 기원에 대한 설이 다양합니다. 예컨대 흑사병이 창궐하던 중세 시대에는 이 병의 초기 증상이 재채기라고 믿었대요. 그래서 재채기를 한 사람에게 교황이 흑사병에 걸리지 않도록 축복을 빌어준 일에서 '블레쓔'라고 말해 주는 풍속이 비롯됐다고도 하고, 재채기할 때 곧장 심장이 멎거나 순간 악마가 들어갈 수 있다는 미신이 있어서 이를 막으려고 신의 은총을 구하는 풍속으로 '블레쓔'라는 말이 시작됐다는 설도 있더라고요.

하지만 저에게 가장 이상하고 흥미로웠던 것은 정작 콜록콜록 기침을 하게 되면 이 덕담을 해 주지 않는다는 점입니다. 좀 야박하다 싶었지요. 재채기(sneeze)엔 덕담을 하면서 기침(cough)은 말없이 피하다니요! 본격적으로 기침을 하면 더 걱정해 줘야 하는 게 아닌가요? 이런 저의 의문은 코로나 시대를 겪으며 비로소 풀렸어요. 재채기 정도라면 얼마든지 건강을 기원해 주며 여유를 부릴 수 있죠. 하지만 기침을 하는 단계라면 덕담이고 뭐고 재빨리 피하는 것이 상책입니다. 독한 바이러스를 나눠 갖게 되면 큰일이니까요.

단어(word)가 연결되면 구(phrase)가 되고 주어(주로 명사)와 술어(주로 동사)가 있으면서 독립적으로 쓰이면 문장(sentence)가 됩니다. 조금씩 연결되는 단위들로 언어가 이루어지는 것이죠. 그러니 어떻게든 연결해야죠. 단 두 단어라도 자꾸 연결해 보는 습관을 들이면 영어 실력이 빠르게 향상됩니다.

앞으로 곁에 있는 누군가 재채기를 한다면 "블레쓔!"라고 호기롭게 말해 주세요. 그리고 여러분의 재채기였다면 "땡큐!"라고 답하시고요.

매버릭
Maverick

이름에서 유래한 단어들

Be a maverick! Embrace your uniqueness,
and let your individuality shine. - Anonymous

매버릭이 되어라! 너의 독창성을 환영하며 받아들이고,
자신의 개성이 빛나게 하라. - 작자 미상

'매버릭(maverick)'은 1800년대 초 변호사와 정치인으로도 활약한 미국 텍사스주 목장 주인의 이름 새뮤얼 매버릭(S. Maverick)에서 유래한 단어입니다. 예전에 미국의 농장에서는 뜨겁게 달군 도장을 가축의 몸에 찍어 주인을 표시했는데 새뮤얼 매버릭은 기르는 소에게 고통을 주기 싫다면서 낙인을 찍지 않았어요. 그래서 주변 농장에서 '낙인이 없는 매버릭 농장의 소'를 매버릭이라고 불렀죠. 또한 새뮤얼 매버릭 자신도 특정한 정파에 속하지 않은 채 텍사스의 독립을 추진했고 시장으로 일했기 때문에 매버릭은 곧 보통명사로 '특정 집단에 소속되지 않은 사람'을 가리키거나 형용사로 '독립성이 강한', '전통이나 규칙에 얽매이지 않는', '독자적인'이라는 의미를 가진 단어로 정착했어요.

이처럼 고유명사에서부터 자주 사용되는 단어가 만들어지는 경우가 꽤 있습니다. 제록스(Xerox)와 클리넥스(Kleenex) 같은 회사 이름이 각기 '복사하다'와 '부드러운 사각형 화장지'를 뜻하게 된 것도 비슷한 예라고 할 수 있지요.

더 구체적으로 보면 사람이나 동물의 이름에서 만들어진 영어 단어들이 꽤 있는데, 가장 널리 알려진 것은 '샌드위치(sandwich)'입니다. 이것은 본래 18세기에 살았던 영국 백작의 이름(Earl of Sandwich)입니다. 보드게임을 즐기던 샌드위치 백작은 식사 시간을 절약하려고 빵 사이에 고기를 끼워 먹었는데, 그런 간편식을 샌드위치라고 부르게 된 것이죠.

동물의 이름에서 만들어진 단어로는 '점보(Jumbo)'가 있습니다. 본래 점보는 1800년대 후반 영국과 미국에서 두루 인기 있었던 커다란 코끼리의 이름이었어요. 아프리카 수단 태생으로 키가 4미터나 됐기 때문에 런던의 동물원과 미국의 서커스에서 큰 인기를 끌었습니다. 이 이름 역시 아프리카 계통 언어에서 나온 듯합니다. 점보는 캐나다에 갔다가 기차 사고로 죽고 역에 동상으로 남았는데, 나중에 디즈니의 만화영화에서 하늘을 나는 아기 코끼리 '덤보'에게 엄마 역할을 해주는 어른 코끼리의 이름으로도 등장했지요. 점보는 점차 흔히 쓰는 단어로 발전했고 이제는 점보 제트기, 점보 올리브, 점보 샌드위치라고 하면 코끼리는 사라지고 '크다'라는 뜻의 형용사가 되었습니다.

조금 복잡하긴 하지만 이름에서 유래한 단어 중에는 '게리맨더링(gerrymandering)'이라는 정치 용어도 재밌습니다. 1812년 미국 매사추세츠주의 엘브릿지 게리(Elbridge Gerry) 주지사는 자신의 정당에 유리하게 선거구를 나눴는데, 그 모양이 마치 전설 속 도마뱀(salamander) 같았다고 해요. 그래서 그의 이름과 도마뱀이 합쳐져 하나의 단어가 만들어졌죠. 이 단어의 뜻은 물론 '자신이나 자신의 정당에 유리하도록 인위적으로 교묘하게 선거구를 나누는 것'입니다.

범위를 더 넓혀 보면, 이름뿐 아니라 지명과 상표에서 만들어진 단어가 꽤 많습니다. 부드러운 직물 '캐시미어(cashmere)'는 그런 털을 제공하는 산양들의 서식지인 인도 카슈미르(Kashmir) 지방에서, 미국 음식을 대표하는 간편식 '햄버거(hamburger)'는 그것이 처음 조리되었다고 알려진 독일 함부르크(Hamburg)시의 이름에서 왔어요. 그러니까 햄버거는 햄과 버거를 합친 말이 아닌 거죠. 콜라는 본래의 이름보다도 상표인 '코크(Coke, Coca-Cola의 줄임말)'로 더 자주 불리고 있고요.

그런데 단어는 그 유래와 관계없이 인구에 회자되며 새로운 의미를 담게 마련이지요. 매버릭은 농구 팬들에게는 텍사스

댈러스팀(Dallas Mavericks)의 이름으로, 영화 팬들에게는 〈탑건(Top Gun)〉 시리즈에서 톰 크루즈가 연기한 조종사의 콜 사인이자 별명으로 알려져 있습니다. 두 경우 모두 '독자적이면서 대담하다'는 긍정적인 의미를 지니고 있어요. 그러나 매버릭은 '독자적'이다 못해 '자기 고집이 지나친 독불장군'이라는 부정적인 의미로도 쓰입니다.

단어가 만들어진 유래를 알게 되면 지루하기만 했던 영어 공부에 흥미가 생깁니다. 이렇게 알게 된 단어는 잊어버리지도 않는답니다.

유에프오
UFO

이니셜리즘 단어들

I believe there's other forms of intelligence in the universe.
I've seen and heard some pretty convincing UFO stuff. Besides,
if we're the most intelligent things in the universe.
… well, that's just depressing. - Rekha Sharma

나는 이 우주에 지능을 가진 다른 존재가 있다고 믿는다. 아주 설득력 있는
UFO 이야기도 보고 들었다. 게다가 만일 우리가 이 우주에서 가장 지능이 높은
존재라면 … 글쎄, 그건 아주 우울한 일이다. - 레카 샤르마

혹시 '유에프오(UFO)'를 보신 적 있으세요? 공상과학 영화의 소재로, 혹은 SF 장르의 소설에 등장하는 이 비행 접시에 관해 미국 의회는 2022년 5월 17일 청문회를 열었어요. 정치 관련 각종 청문회는 많이 봤지만 유에프오에 관한 청문회라니, 너무 재미있고 흥미로워 관련 기사를 찾아 읽어 보게 되었답니다. 미국에서는 흔히 알려진 단어 '유에프오(UFO, unidentified flying object)' 즉, '미확인 비행 물체' 대신에 '미확인 공중 현상'이라는 의미로 '유에이피(UAP, unidentified aerial phenomenon)'라는 용어를 사용하더라고요. 이 새로운 단어, 어째 모호함이 더 커진 것 같지 않은가요?

최근 이런 식으로 머리글자를 딴 단어들이 많이 생겨나고 있어요. 자고 일어나면 하나씩 생겨나는 게 아닌가 싶을 정도로요. 그런데 머리글자로 만든 단어는 읽는 방법에 따라 '이니셜리즘(initialism)'과 '애크로님(acronym)' 두 가지 종류로 나눌 수 있다는 것을 알고 계세요? 이니셜리즘은 'UFO'나 'UAP'처럼 알파벳을 하나씩 읽는 경우를 말합니다. 현금자동입출금기를 영어로 '에이티엠(ATM, automated teller machine)'이라고 하는데 이것이 이니셜리즘의 대표적인 단어입니다.

다양한 용어들이 이 방식으로 요약되는데 사실은 우리도 즐겨 씁니다. 한때는 유력한 우리 정치인들(DJ, JP, YS)의 약칭에 자주 썼고 본래 무엇이었는지 알 듯 말 듯한 뮤직그룹 이름(SES, HOT, BTS)에도 많잖아요. 미국의 몇몇 대학 이름들도 이니셜리즘 단어에 해당되네요. 예를 들어 MIT와 UCLA 같은 경우에는 자음과 모음이 섞여 나타나서 자연스러운 음절을 이루는데도 '미트'나 '우클라'라고 하지 않고 '엠아이티'와 '유씨엘에이'라고 하니까요.

반면 '애크로님'은 머리글자 알파벳으로 줄인 후 보통 단어처럼 읽는 경우입니다. 북대서양조약기구 '나토(NATO, North Atlantic Treaty Organization)'와 중증호흡기증후군을 일컫는 '사스(SARS, severe acute respiratory syndrome)'처럼 말이지요. 이들은 머리글자를 줄인 것이지만 마치 보통의 단어인 것처럼 읽습니다. 트럼프 미국 대통령의 슬로건인 MAGA(Make America Great Again)는 한 문장을 줄인 것이죠. 심지어 '레이저(laser, light amplification by stimulated emission and radiation)'처럼 소문자로 쓰기도 하니까 본래는 머리글자를 딴 축약어라는 사실을 아예 잊어버리게 되기도 합니다.

그럼 영화 〈스파이더맨〉에 나오는 특수 안경 EDITH는 어떨까요? 그냥 들으면 여자 이름 같지만 이것이 애크로님이라고 하네요. 'Even Dead I'm The Hero(난 죽어서도 영웅)'라는 토니 스타크의 유언을 줄인 말이라고요. 앗, '깜놀!'이라고요? 정말 그렇죠? 우리말에서도 이와 같은 방식으로 몰카(몰래 카메라)나 깜놀(깜짝 놀람) 같은 신조어를 만듭니다. 세대 간에 소통이 힘든 이유는 별다줄(별걸 다 줄인) 단어들 때문인 경우가 많더라고요.

신기하게도 이니셜리즘과 애크로님에 모두 다 해당되는 단어들도 있어요. 대표적인 두 가지 예가 있는데, 첫째는 AKA 혹은 'aka(also known as, 또한 ~로 알려진)'로 '에이케이에이'와 '아카'로 모두 통용됩니다. 둘째는 바로 LOL 혹은 'lol(큰소리로 웃다, laugh out loud)'인데 '엘오엘'과 '롤'로 모두 사용되지요. 우리나라에서는 원조 아이돌 그룹 god를 '지오디'로 읽는지 '갓'으로 읽는지에 따라 세대 구별이 된다는 농담도 있지만, 이건 아닌 것 같네요. 왜냐하면 god는 신세대에게도 널리 알려져 있어서 '갓'으로 읽을 리 없으니까요.

축약어가 자꾸 늘어나는 이유는 정보를 줄여 줘서 간편하기 때문이라고 생각됩니다. 물론 세대 차이를 만드는 부수적인 효과도 쏠쏠하지요. 새로운 축약어 중에 '베프'처럼 멋진 말도 있어요. 그런데 베프는 우리가 만들어 낸 애크로님이고, 영어에서 사용되는 베프는 BFF(best friend(s) forever)라는 이니셜리즘 단어로 말로 하기보다는 글로 쓰면서 사용합니다.

돌이켜 보면 UFO, 아니 UAP는 어린 시절 저의 최애 미스터리였습니다. 스코틀랜드의 커다란 호수 속에 산다는 전설의 동물 '네씨(Nessie)'와 미국 네바다주 사막에 추락해 어느 연구소에 보관되어 있다는 머리 큰 외계인과 더불어서 말이지요. 매월 발행일을 기다리며 열독하던 〈소년중앙〉 같은 어린이 잡지의 단골 메뉴였기 때문이에요.

새롭게 생겨나는 많은 이니셜리즘 단어들을 보면서 유에프오에 관한 추억을 떠올리게 됩니다. 지금까지 지구 곳곳에서 보고된 이력이 너무 많은 UFO, 아니 UAP, 이들이 자연 현상이나 착시가 아니라면 대체 어디서 온 것일까요?

지금 여기
Here and Now

단어 형성의 원리

Nothing in life is to be feared, it is only to be understood. Now is the time to understand more, so that we may fear less. - Marie Curie

인생에서 아무것도 두려워할 것 없이 다만 이해하면 된다. 지금은 우리가 덜 두려워해도 되도록 더 이해해야 할 시간이다.. – 마리 퀴리 영어도 우리말과 마찬가지로, 띄어쓰기 하나로 완전히 다른 말이 될 수도 있어요. 이를테면 'nowhere' 즉 '아무 데도 없는 곳'을 달리 떼어서 쓰면 'now here' 즉, '지금 여기'가 되잖아요? 단어보다 작은 단위인 형태소에 대해 알면 이런 언어 유희를 쉽게 이해할 수 있어요.

형태소란 '더 이상 나뉠 수 없는 최소의 의미 단위'라는 개념입니다. 'boy'처럼 하나의 단어일 수도 있고, 독립적으로는 쓰이지 않지만 독자적인 의미를 갖는 'un-'이나 '-ish' 같은 접사(affix)일 수도 있습니다(접사에 붙여 둔 하이픈은 꼭 다른 요소와 결합해야 쓰인다는 의미로 이해하면 됩니다). 영어의 접사는 단어 앞에 오는 접두사(prefix: ab-, non-, in- 등)와 단어 뒤에 오는 접미사(suffix: -er, -al, -tion 등) 두 가지로 나뉘지요. 또한 중요한 의미가 나오는 형태소이긴 하지만 꼭 단어나 접사 등 다른 형태소와 결합해서야만 사용될 수 있는 의존어근(bound root)이라는 개념도 있습니다. 예를 들어 receive에서 '-ceive'라는 부분이 그렇지요. 분명히 접사가 붙어서(re+ceive) 만들어진 단어이고 '-ceive'에는 잡다, 가지다 같은 의미가 있는데, 막상 'ceive'가 하나의 단어로 쓰이지 않아요. 이것이 쓰인 다른 단어들 역시 conceive, perceive처럼 접사와 결합한 형태입니다. 한국어에서 '오솔길'의 '오솔'이나 '아름답다'의 '아름'이 이에 해당합니다. '오솔하다'거나 독립적으로 '오솔'로 사용되지 않기 때문이죠.

즉, 단어는 이제 '독립적으로 문장 안에서 쓰일 수 있는 형태소'라고 정의할 수 있습니다. 그래서 단어는 하나의 형태소(dog, run)로 이루어지거나 두 개 이상의 형태소(un+do, fire+work, inter+nation+al)로 이뤄져 있다고 볼 수 있습니다. 영어를 익히다 보면 단어 외우기가 벅차고 막막할 때가 많지요? 실제로 영어는 역사적인 이유로 단어 수가 많은 언어라서 누구나 그렇게 느끼고 있으니 너무 낙심할 필요는 없습니다. 이럴 때 형태소의 개념을 알고 있으면 단어를 공략하기가 좀 쉬워지죠. 특히 여러 개의 형태소가 연결된 복잡한 단어를 익힐 때 효과적입니다.

조금 다른 각도에서 보자면, 모든 단어에서 기초가 되는 단어나 의존어근을 '어근'이라고 합니다. boy, sleep처럼 어근

자체가 단어일 수도 있지만, boyfriend, sleepwalk처럼 두 개의 어근이 결합해서 단어가 되거나 boyish, sleeplessness, receive와 같이 접사가 붙은 단어가 어근이 되어 접사가 여럿 더 붙으면서 다시 새로운 단어가 만들어지기도 하는 거죠.

형태소의 개념은 특히 모르는 단어를 만났을 때 아주 요긴하게 쓰입니다. 예를 들어, glocalization이라는 신조어를 형태소로 나눠 보면 금세 뜻을 짐작할 수 있어요. 즉, 이 단어를 구성하는 형태소를 나누어 살펴보면 'glo(bal)+(lo)cal+ize+ation'이니까 '세계화와 현지화를 함께 추구하기'라고 말이죠. 물론 이런 식으로 새로운 단어를 만들어 내기도 하지요.

제가 들어본 가장 기발한 새 단어는 impeachmint입니다. 실제로 쓰이지는 않았지만 벤 앤 제리(Ben and Jerry) 아이스크림의 새로운 맛 이름이라며 데이빗 레터맨(David Letterman)이 자신이 진행하는 〈Saturday Night Show〉에서 소개했던 거예요. 물론 이는 당시 빌 클린턴 대통령의 스캔들에 따른 탄핵이 한창일 때라 그 의미의 단어 'impeachment'에 빗댄 것이었어요. 이 둘이 동음이의어인 셈이죠. 하지만 복숭아(peach)를 집어넣은(im-), 민트맛(mint) 아이스크림으로 얼마든지 해석될 수 있어서 웃음을 자아냅니다.

형태소 중에서도 단어보다 작은 단위인 접사의 의미와 결합 방식을 알아 두면 어휘력이 훌쩍 커집니다. 가령 form(형태)에 기초한 단어를 꼽아 보면, formal(공식적인), formalize(공식화하다), formality(격식), formula(공식), formation(형성), conform(순응하다), deform(추하게 만들다), reform(개선하다), uniform(제복) 등 아주 많아요. 이들 중 접미사인 -al, -ize, -ity, -tion, 접두사인 con-, de-, re-, uni-는 매우 자주 등장하는 접사들입니다. 이들의 뜻을 분명하게 알고 있다면 그것과 합쳐 만든 단어의 의미를 짐작하기가 쉽지요. 즉, 형태소를 통해 많은 단어를 꿰뚫어 볼 수 있습니다.

이런 형태소의 원리를 이용해 사람들은 언어 유희를 즐기기도 합니다. 미국의 록밴드 시크릿 머신은 'Now here is nowhere(지금 여기란 아무 데도 없다)'라며 본래 'no+where'를 'now+here'로 재해석했습니다. 그들은 이 노래 가사를 통해 2004년 당시 테러와의 전쟁을 선포하고 이라크에 파병한 미국의 뒤숭숭한 분위기를 표현한 것이죠.

한편, 《신과 나눈 이야기》를 쓴 닐 월시는 전혀 다른 해석을 하죠. 'Heaven is nowhere. Let's just put some space between the w and the h in that word and you'll see that heaven is now here(천국은 아무 데도 없다. 이 단어의 w와 h 사이에 약간의 공간을 두자, 그러면 천국을 지금 여기서 볼 것이다)'라고요. 록밴드는 허무를, 신을 만났다는 사람은 희망을 봤네요. 같은 단어를 똑같이 재분석해 놓고도 이처럼 해석이 다르다니, 역시 세상만사는 마음먹기 나름인가 봅니다.

요즘 현대인들의 혼란스러운 마음을 지금 여기에 잡아 두라는 mindfulness가 유행인데요, 이 단어 역시 'mind+ful(l)+ness'의 결합으로 이루어져 있습니다. 나누어서 보면 이해가 금세 되지요? 그런데 영어로는 꼭 '지금 여기'가 아니고 '여기 지금'이라고 말하네요. 늘 'here and now'라고 하거든요. 혹시 순서를 바꿨다가 자칫 'nowhere'가 되어 버릴까 걱정해서가 아닐까요?

부디 '여기 지금'이든 '지금 여기'이든, 마음의 뿌리를 여러분이 계신 그곳, 그 시간에 잘 내리며 mindfulness를 실천하시기 바랍니다. 조금 긴 단어를 만나면 형태소를 잘라내 보고 이들을 중심으로 영어 어휘력도 키우면서요.

언버스데이
Unbirthday

낯선 조합의 정체

The more you praise and celebrate your life,
the more there is in life to celebrate. - Oprah Winfrey

당신이 자신의 삶을 더 칭찬하고 축복할수록 당신의 삶에
더 축복할 것이 많아집니다. - 오프라 윈프리

매일매일이 생일인 듯 특별한 기분일 수 없을까요?《이상한 나라의 앨리스(Allice in the Wonderland)》에서는 가능합니다. 루이스 캐럴(Lewis Carroll)의 유명한 소설 아시죠? 저는 만화영화 버전의 한 대목을 소개해드릴게요.

양복 입은 '3월 토끼(March Hare)'와 '이상한 모자 장수(Mad Hatter)'가 예쁜 주전자들을 채우며 파티를 열고 있어요. 지나가던 앨리스가 생일이냐고 묻자 그들은 정색하며 이렇게 대답합니다.

Statistics prove that you have one birthday. Imagine! Just one birthday every year! Ah, but there are three hundred and sixty-four unbirthdays. Precisely why we're gathered here to cheer.

통계에 따르면 너에겐 한 번의 생일이 있지. 상상해 봐! 해마다 단 하이 장면은 디즈니 영화사가 애니메이션을 제작하며 소설의 후편에 있는 이야기를 신나는 노래 'The Unbirthday Song' 과 함께 수록해 널리 알려졌어요. 중독성 있는 후렴구는 이렇습니다. A very merry unbirthday to you! And you, and you! (생일이 아닌 걸 축하해요! 당신도, 또 당신도!)

그런데 뭔가 이상하죠? 'unbirthday'는 참 어색해요. 흔히 보는 단어가 아닌 겁니다. 우리말로 '비(非)생일'인데, 물론 '-이 아닌' 즉, 부정의 의미를 지닌 접두사 'un-'과 명사인 'birthday'가 결합된 것이네요. 물론 이 접두사는 매우 생산성이 높은 편이긴 합니다. 하지만 어떤 규칙성이 있어요. 즉, unhappy(불행한)나 untrue(진실하지 않은)처럼 형용사와 자주 결합하고 다른 품사와는 거의 결합하지 않는다는 겁니다. 사례가 좀 적긴 하지만 'un' 접두사가 동사와 결합하기도 하는데 이때는 부정이 아닌 '역으로'라는 의미로 쓰입니다. undo(원상태로 되돌리다), unwind(감은 것을 풀다), undress(탈의하다)처럼 말이죠.

하지만 'un-'이라는 접두사가 명사와 결합한 경우는 정말 아주 드물어요. 겨우겨우 unrest(정치적 사회적 불안정)같이 흔히 쓰지 않는 단어 하나를 찾아볼 수 있는 정도예요. 계엄이니 탄핵이니 하는 경우에 꼭 들어맞는 말이긴 한데 그래서인지 자주 쓰지는 않는 단어죠.

이처럼 자주 쓰이는 접사라고 해도 아무 단어에 붙인다고 새로운 단어가 만들어지지는 않습니다. 물론 일반적으로 단어를 만드는 방식을 벗어나면 주목을 끌 수 있지요. 1970년대 세븐업(7up)은 코카콜라와 펩시가 장악한 음료 시장에 'uncola'라는 접두사 'un'과 명사 'cola'를 결합한 신조어를 내세워 브랜딩에 성공했죠.

언어는 사회적 약속이고 우리가 넓은 의미에서 '문법'이라고 부르는 '언어 사용에 대한 규칙성'을 갖고 있지만, 이처럼 관행을 깨는 일 역시 얼마든지 가능합니다. 언어의 생명력은 사용자들의 창의성에 의해 빛을 발하고, 예술가가 만들어 내는 독창적인 말은 세상을 특별하게 바라보게 해 주지요.

새로운 단어를 만들어 낸 캐럴의 마음을 생각해 봅니다. 어쩌면 그는 unbirthday라는 신조어를 통해서 생일에만 축하받는 것이 서운했던 어린이들의 마음을 대변해 준 것이 아닐까요? 이제 형태소의 작동 방식에 대해 충분히 이해하셨으리라고 믿습니다. '비생일'을 축하하자는 그의 말은 우리의 매일매일이 축복받아 마땅하다고 일깨워 주는 것 같아요.

여러분의 매일이 생일인 것처럼 언제나 멋지고 행복한 날 보내시길! 혹시 오늘이 비생일이시라면, 축하드려요. "A very merry unbirthday to you!"

풋볼 또는 사커
Football or Soccer

축구에서 하나 되듯

Football is great because you always have another
opportunity to change history. - Ronaldo

축구는 위대합니다. 왜냐하면 우리는 항상 역사를 바꿀 수 있는
또 다른 기회를 얻으니까요. - 호날두

축구 좋아하세요? 월드컵과 올림픽이 아니라도 새벽까지 영국을 비롯한 유럽 리그의 축구 경기를 시청하고 응원하는 이들이 정말 많아졌어요. 긴 휴가에는 직접 관전하고 응원하는 경험을 하고자 하는 이들도 적지 않고요. 동그란 축구공 하나만 있다면 어디에서든 쉽게 즐기고 경기를 했던 경험 때문일까요. 대한민국 남녀노소 모두가 좋아하는 스포츠는 단연 축구라고 할 수 있어요. 그렇다면 축구는 영어로 풋볼(football)과 사커(soccer) 두 가지 중 무엇이 맞는 말일까요?

1860년대 영국에 공을 손으로 들고 뛰는 럭비 풋볼(rugby football) 경기가 먼저 생겨났지요. 한동안 럭비 풋볼 경기만 있다가 곧 발만 사용하는 새로운 방식의 경기가 생겨났어요. 이 새 방식을 구분하기 위해 'soccer'라는 이름이 만들어졌습니다. 이것은 연맹의 이름(Football Association)에서 어순을 바꾸어 association football이라 하면서, association의 앞뒤를 싹둑 잘라내고 rugby의 별칭인 rugger처럼 '-er'를 붙여 만든 것입니다. 즉, association football이 일련의 과정을 거쳐 '발로만 하는 축구'를 뜻하는 soccer라는 새로운 단어로 탄생한 겁니다.

그런데 정작 영국을 비롯한 유럽과 남미에선 이 새 단어를 안 쓰고 축구를 그냥 'football'이라고 부릅니다. 그 이유는 간단해요. 럭비와 축구가 각기 rugby와 football로 자리 잡으며 서로 다른 것으로 인식되고 구분이 잘 되니까 굳이 새 단어를 쓸 필요가 없어졌기 때문이죠. 반면 미국, 캐나다, 호주에서는 럭비와는 조금 다르게 그들이 만든 경기 방식인 미식축구(American football)를 football이라고 불렀어요. 이 때문에 football과 구분하기 위해 association football의 줄임말로 만들어진 soccer를 발로만 하는 경기를 표현하는 데 쓰게 되었다고 해요.

우리나라에서는 주로 미국식 영어를 배우니까 사커(soccer) 쪽이 더 익숙하지요? 일본도 축구를 '삿카(サッカー)'라고 부르더군요. 하지만 정작 국제축구연맹 FIFA의 두 번째 'F'가 football이며 전 세계적인 쓰임새로 보면 football이 대

세인 거죠. 본래 FIFA라는 명칭은 프랑스어로 Fédération Internationale de Football Association(즉, International Federation of Association Football)의 머리글자를 따서 만든 애크로님 단어이지요. 월드컵의 공식 언어는 영어, 프랑스어, 스페인어, 독일어 단 네 개지만, FIFA 의회의 공식 언어는 여기에 러시아어, 아랍어, 포르투갈어가 포함됩니다. 축구라는 스포츠의 세계에서도 공식 언어 인정을 통해 국가의 힘을 느끼게 됩니다.

FIFA 얘기를 하다 보니 올림픽의 공식 언어가 무엇인지 궁금하진 않으세요? 올림픽위원회 IOC(The International Olympic Committee)의 공식 언어는 단 두 개로 프랑스어와 영어입니다. 그리고 올림픽 개최지의 언어가 대회 중에 인정된다고 해요. 올림픽 경기가 시작된 그리스의 말이 인정되지는 않는데 근대 올림픽은 프랑스에서 시작됐기 때문일 겁니다. 성화만 그리스에서 가져옵니다.

영어가 전 세계로 널리 퍼지면서 단어뿐 아니라 소리와 문장 구조 등 언어의 모든 영역에 크고 작은 차이가 생겨날 수밖에 없습니다. 월드컵 축구나 올림픽 경기를 볼 때 세계 영어의 다양한 말소리도 들리시는지요? 어쩌면 우리는 평소에도 해외 여행이나 영화를 통해 우리는 이미 다양한 영어를 접하고 있습니다.

영어는 이미 종주국인 영국에서부터 다양한 양상을 보이죠. 영국의 지역 방언은 굉장히 다양해요. 긴 역사 속에 다양한 민족들이 살았고 그들 사이에는 언어 차이도 컸던 터라 상상을 초월할 정도입니다. 이미 소개해드렸던 북부 스코틀랜드, 서부 웨일즈, 그리고 아일랜드의 방언은 켈트족의 민족적 방언이 녹아 있어 개성이 더 강합니다.

게다가 신분 사회였던 영국은 사회 계층을 구분하는 방언도 존재해서 지역적 차이는 사회적 신분 지위가 높을수록 비슷해지는 경향이 있어요. 런던에는 노동 계층의 방언 코크니(Cockey)와 확연히 구분되는 상류층의 방언으로 RP가 있습니다. 이 현상은 영국의 기숙학교 형태의 교육이라는 전통과 관련이 깊다고 말씀드렸습니다. 궁정에서 수여받았다는 의미로 RP(Received Pronunciation)라고 불리는 영국의 상류층 영어는 지역과는 별로 상관없는 사회적 방언입니다. 이를테면 스코틀랜드에 사는 귀족이라면 RP를 사용하는 식이라고 이해하시면 됩니다.

오늘날 영국에는 자메이카 등 서인도제도 출신과 식민지였던 인도계 이주민들의 영어가 다양성을 더합니다. 이들은 주

류인 백인들과 같은 지역에 살더라도 미세하게 분리되면서 함께 어울리는 이웃이 다르기 때문에 언어적 특징이 유지됩니다.

런던 자메이칸(London Jamaican)으로 불리는 크리올 역시 mi와 dem(I, my, me 대신 mi 하나만 쓰고, they, their, them 대신 dem 하나만 쓰는 식)과 같은 단순화된 언어의 특징이 있고 미국의 히스패닉 영어가 그렇듯 영어와 크리올 양쪽을 오가는 코드 전환(code switching)이 심하죠. 사회적 교류가 증대된 현대사회에서도 이들의 언어적 차이는 서로를 결속시키고 민족 공동체가 사라지지 않게 유지시키는 힘으로 작용합니다.

영어는 세계로 퍼져나가 제1언어나 공식 언어가 된 미국, 호주, 뉴질랜드, 인도, 홍콩, 싱가폴뿐 아니라 널리 제2의 언어로 쓰이는 지역에서도 다양한 형태로 변형됩니다. 중국이나 일본은 물론이고 우리나라에서도 핸드폰, 컴퓨터, 비타민 같은 콩글리쉬를 만들어서 사용하지요. 영어권에서는 핸드폰(handphone)이 아닌 cellphone이나 mobile phone으로, 컴퓨터(computer)는 desk top, 노트북(notebook)은 lap top으로 쓰고 읽으며 비타민(vitamin)은 같은 스펠링을 **바**이터민이라고 발음합니다. 이런 영어를 '새로운 영어(New Englishes)'라고 부르기도 합니다.

단어에는 나름의 사연이 있습니다. 흥미를 갖고 살펴보면 더 알게 되고 그러면 잊지 않게 되지요. 사실 축구를 뭐라 부르든 무슨 큰 상관이 있겠어요? 공 하나를 지켜보며 지구촌이 하나 되어 즐기듯이 어떤 종류의 영어라 해도 소통에 집중한다면 반드시 잘 통할 수 있습니다. 소통이 되면 문제는 사라지고 즐거움만 남는 법이죠. 축구에서 하나가 되는 것처럼요.

네 번째 수업

문장 공부

영어로 잘 소통하기 위해서는 문장을 익혀야 해요.
간단한 인사에서 짧은 스피치, 비즈니스 이메일 등
영어 문장을 사용하는 경우가 적지 않습니다.
문장을 잘 말하고 잘 쓰기 위해서는
약간의 자신감과 용기도 필요하고요.

영어 114

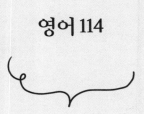

영어 연설 수업을 맡게 된 사연

To be interesting, be interested. Ask questions that other persons will enjoy answering. Encourage them to talk about themselves and their accomplishments. - Dale Carnegie

흥미로운 사람이 되려면 타인에게 흥미를 가지세요. 다른 사람들이 답하기 즐거워할 질문을 하세요. 그들에게 자기 자신과 자신의 성취에 대해 이야기하도록 북돋워 주세요. - 데일 카네기

이번에는 제가 맡고 있는 영어 수업에 대해 이야기해드릴게요. 언어학을 전공했더라도 영문과 소속 교수이니 영어를 가르치는 과목을 맡는 게 당연해 보일 수 있어요. 하지만 그리 당연한 일은 아닙니다. 영문과에서도 언어학 전공자는 언어학 과목을 맡고, 문학 전공자는 문학 과목을 맡고, 영어 수업은 영어 교육을 전공하고 실제로 가르친 경력이 많은 교수가 맡는 것이 가장 좋기 때문이지요. 사실 저는 좀 얼떨결에 영어 수업을 맡게 되었는데, 그럼에도 불구하고 제게 큰 기쁨과 보람을 주는 수업이 있습니다. 코드 번호 '영어 114'로 불리던 '영어 연설 연습'이에요(지금은 코드가 길고 복잡해졌고 강의명도 '영어연설과 원고작성법'으로 바뀌었어요).

제가 이 과목을 맡은 건 순전히 시기적 우연이었습니다. 부임 초기의 어느 날이었어요. 당시 학과장이셨던 안선재 수사님(Brother Anthony)이 저를 부르시더니 얼마 전 선종하신 프라

이스 신부님(Father Price)이 담당하셨던 '영어 114'를 맡아 달라고 하셨습니다. 그런 과목은 강의해 본 적이 없고 무얼 가르칠 수 있을지도 모르겠다며 애둘러 거절하는 제게 학과장님은 그래도 한번 해 보라 권유하셨어요. 좀 더 알아 보니, 서강대를 설립하신 미국인 신부님들이 애정과 신념으로 지도하시던 전통 있는 과목이었습니다. 전공과 상관없이 모든 학생들이 영어로 자신 있게 말할 수 있게 만들고자 한 것이라 서강을 빛나게 해 준 기초가 되었던 거였죠. 지금은 작고하셨지만 저명한 영문학자 장영희 교수님도 잠시 강의하셨다고 해서 바로 찾아가서 도움을 청했어요. 교수님은 제게 연설 가이드북을 내주시면서도 책보다는 그저 학생들이 말을 많이 하도록 격려하라고 말씀하셨지요. 여전히 난감했지만 어떻게 수업을 꾸려갈지 설계하기 시작했습니다.

제가 고민한 것은 두 가지였습니다. 어떻게 하면 내가 가진 언어학이라는 자원으로 학생들에게 도움을 줄 수 있을까? 장영희 교수님의 말씀대로, 어떻게 하면 학생들이 부담 없이 즐겁게 말하고 싶게 만들까?

첫 번째 고민의 결과는 발음 교정 과정을 넣는 것이었어요. 저 자신이 원어민이 아니고 외국에서 어린 시절을 보내지 않았기 때문에 대부분의 학생들이 대학에 와서 영어가 유창한 교수님들과 만나면 갑자기 자신 없어지고 주눅 든다는 사실을 알고 있었어요. 무엇보다 영어와 한국어의 차이에 대해 언어학의 원리를 알려 주고자 했어요. 제게 효과적이었던 방법으로 학생들을 가르쳐서 원어민 못지않게 영어가 유창해지는 것이 가능하다는 용기를 주고자 마음먹었어요. 좋은 발음 자체는 언어 사용에서 가장 중요한 요소는 아니지만, 발음이 좋아지면 영어에 자신감을 갖게 되거든요. 자신감은 외국어 습득에 가장 중요한 요소입니다. 그래서 발음 교정 과정이 수업에 꼭 필요하다고 생각했어요.

두 번째 고민의 결과는 자신을 중심에 두어 이야기하고 자연스레 연설로 연결하자는 것이었습니다. '모든 사람이 공통적으로 말하기 좋아하는 주제가 있을까?' 하고 스스로 질문해 봤더니, '자기 자신'이라는 결론에 이르렀기 때문이에요. 누구에게나 가장 중요한 사람은 자기 자신이니까요. 내가 누구인지 파악해 남에게 소개하고, 나의 취향과 경험을 나누는 내용이라면 영어로 말하고 싶고, 말하기도 수월하리라 믿었습니다.

그래서 이 수업의 첫 번째 연설은 자기소개입니다. 자기소개 다음에는 누구나 편안히 이야기하고 싶을 만한 주제로 발표를 하게 했어요. 예를 들면, 내가 제일 좋아하는 영화나 책을 소개하고 이유 설명하기, 기억에 남은 식사에 대해 말하기,

좋아하는 사람 칭찬하기, 좋아하는 연설 따라 하기, 내가 잘 알거나 잘하는 것을 설명하기, 남을 설득하고 싶은 주제로 호소하기 같은 것입니다.

그리고 이 수업의 마지막은 언젠가 맞이하게 될 인생 최고의 날에 할 파티 연설로 정했어요. 이 주제는 언젠가 제가 책에서 읽었던 'Come-as-if' party를 응용한 거예요. 이것은 자신이 되고 싶은 사람이 됐다고 가정하고 그 모습으로 꾸미고 와서 이야기를 나누는 파티였는데, 나중에 사람들이 정말로 그렇게 변하더라는 멋진 내용이었죠. 그래서 저는 이것을 'Come-as-you-will-be' party라고 제목을 바꾸고 실제로 학생들에게 그런 기분이 들 수 있도록 준비했어요. 여러 개의 질문을 주고 미리 답을 해 본 후 연설문을 작성하게 했고, 연설하는 날에는 강의실도 그럴 듯하게 꾸몄습니다.

이 수업에서는 무대공포증을 없애 줄 훈련도 포함하기로 했어요. 일주일에 한 번은 수업 첫머리에 1분짜리 즉흥 연설(impromptu speech)을 했어요. 자기 의견을 말해야 하는 주제를 미리 써 두고 뽑아서 사용했는데, 고등학교 교복은 필요한가?(Is highschool uniform necessary?), 인종 간 국제결혼을 권장해야 할까?(Should we encourage inter-racial marriage?), 중매결혼을 하겠는가?(Would you do arranged marriage?), 장기 기증 서약을 할 것인가?(Would you sign up for organ donation?) 같은 질문이었죠.

미국 중고생들이 겨루는 토론 대회(debate contest)에 이런 주제들이 많아서 조금씩 고쳐서 사용했어요. 즉흥 연설은 준비 시간 5분을 주고 호명하는 두세 명만 연단에 나가 발표하게 했습니다. 누구나 준비해야 하고 자주 나가서 말을 해야 하니 몇 번 하다 보면 저절로 무대공포증이 사라지는 것 같더라고요. 물론 무대 적응에 시간이 좀 걸리는 학생들도 있긴 했지만요. 이렇게 부임 초기에 맡게 된 영어 연설 수업은 제게 작은 도전이었지만 이내 보람찬 시간으로 변해 갔습니다.

때로는 우연한 일이 큰 기쁨을 가져오기도 한다는 것을 저는 이 수업을 맡고 깨달았습니다. 모험에는 마음에서 우러나는 'Yes!'를 외쳐야 한다는 것. 그러면 문제는 반드시 해결된다는 것도 함께요.

영어 자기소개

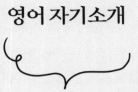

시작의 중요성

Knowing yourself is the beginning of all wisdom. - Aristotle

자신을 아는 것이 모든 지혜의 시작이다. - 아리스토텔레스 영어로 자기소개할 일이 있으신가요? 어떻게 하시나요? 자신을 알리는 일은 여러 가지 일에서 필요하고 친구를 만드는 첫걸음이기도 하지요. 제가 고심 끝에 맡게 된 영어 연설 수업의 첫 번째 연설은 자기소개입니다. 이 과목을 강의하며 터득한 성공적인 자기소개 비법을 알려드릴게요.

남에게 나를 잘 소개하기 위해 우리는 먼저 자신에 대해 잘 알아야 합니다. 이 글을 시작하며 인용한 아리스토텔레스의 말에서 알 수 있듯, 자신을 안다는 것은 동서양을 막론해 깊은 지혜로 여겨집니다. 하지만 (적어도 때로는) 내 마음을 나도 모르는 게 현실이기 때문에 먼저 스스로에게 여러 가지 질문을 던져 봐야 해요. 저는 미국의 경영 컨설턴트 페기 클라우스(Peggy Klaus)가 취업 면접을 앞둔 사람들을 위해 만든 질문을 살짝 변형해 만든 열두 개의 질문을 학생들에게 제시하고 이 질문들에 대한 답을 찾도록 합니다.

1. 전공은 무엇이고 어떻게 그 전공을 택하게 됐나요?

What is your major and what made you choose this field?

2. 자신의 전공(직업)에서 어떤 점을 좋아하나요?

What do you like about your current major(job)?

3. 당신의 (미래의) 직업은 당신의 기술과 재능을 어떻게 사용하나요?

How does(would) your (future) job use your skills and talents?

4. 자신이 성공적으로 해낸 일들 중에서 가장 자부심을 느끼는 것은 무엇인가요?

What successes are you most proud of having accomplished?

5. 자신의 생각에 혹은 남들이 말해 주는 당신의 다섯 가지 성격상의 장점은 무엇인가요?

What would you and others say are five of your

personality pluses?

6. 당신이 해본 일이나 당신에게 일어난 일 중 가장 흥미로운 것 다섯 가지를 꼽으라면 무엇일까요?
What are the five most interesting things you have done or that have happened to you?

7. 지난 한 해 동안 당신이 새롭게 배운 기술이 있다면 무엇인가요?
What new skills have you learned in the last year?

8. 직업적으로나 개인적으로 당신의 오늘이 있기까지 극복해야 했던 장애는 무엇이었습니까? 그것을 극복하는 과정에서 무엇을 배웠나요?
What obstacles have you overcome to get where you are today, both professionally and personally? What lessons have you learned in that process?

9. 어떤 훈련이나 교육을 받았으며, 그 경험에서 얻은 것은 무엇인가요?

What training or education have you completed and what did you gain from those experiences?

10. 어떤 단체와 어떤 방식으로 연관되어 있으신가요?

What organizations are you associated with and in what ways?

11. 일이나 공부를 하지 않을 때는 어떻게 시간을 보내시 나요? 취미, 흥미, 운동, 가족, 자원 봉사 등을 다 포함해서 답해 보세요.

How do you spend your time outside of work including hobbies, interests, sports, family, and volunteer activities?

12. 당신은 어떤 방식으로 다른 사람들의 삶에 변화를 가 져 오는 사람인가요? 어떻게 자신이 속한 사회와 세상을 위해 공헌하고 싶으신가요?

In what ways are you making a difference in other people's lives? How would you contribute to your community and this world in the future?

이들 중 특히 중요한 질문은 1, 5, 11, 12번입니다. 이 질문들은 내가 누구인지 한마디로 알려 주는 중요한 정보이고, 주변 사람들이 말해 주는 성품과 취미나 특기 등에 대한 답도 정리해 보아야 단편적인 소개를 넘어설 수 있죠. 또한 어떻게 사회와 다른 사람들의 삶에 공헌하며 세상을 더 낫게 바꾸어 가고 싶은지 나아갈 방향까지 잡으면 비로소 자신을 올바로 파악하고 제대로 소개할 수 있습니다. 이런 질문을 하다 보면 인생이 정리되고 자신의 현재를 더 잘 파악하고 미래를 더 분명히 그려 볼 수 있는 힘이 생깁니다.

다음 단계는 이런 질문과 답변의 과정을 거친 후 주요 사항만 추려서 친구에게 말하듯 자기소개의 글을 단숨에 써 보는 겁니다. 이 자기소개는 글이 아니라 말로 할 것이기 때문에 반드시 이야기하듯 자연스럽게 써야 해요. 그리고 소리 내어 읽으면서 어색하지 않도록 여러 차례 고칩니다.

자기소개에는 반드시 포함해야 할 것이 몇 가지 있습니다. 첫째는 인사하기인데, 'Hello'처럼 아주 간단해도 괜찮습니다. 둘째는 자신의 이름을 말하고 이름을 각인시킬 방법을 넣는 것입니다. 알려진 문구나 이름이 비슷한 유명인을 동원하는 것도 좋지요. 셋째로 흥미를 불러일으킬 수 있는 방식으로 나의 직업이나 전공을 소개합니다. 제가 아는 신경외과 의사 선생님은 "I am a neurosurgeon. Yeah, I do brain surgeries(저는 신경외과 의사입니다. 맞아요, 뇌 수술을 하죠)"라고 자기 직업을 소개하세요. 네 번째로는 성격과 취미 등 자신에 관한 사실들을 말하는 것인데, 이때 주의할 점은 부정적인 내용은 절대 포함하지 않는 것입니다. 이를테면 "People say I'm always looking on the bright side(사람들은 제가 항상 긍정적이라고 말해 줍니다)"처럼 남들이 나를 이렇게 묘사한다고 은근히 자랑하는 것도 좋아요. 마지막 다섯 번째는 자신의 미래 계획입니다. 무엇이 됐든 이것 역시 최대한 긍정적으로 말하는 게 좋습니다.

많은 한국인들이 겸손을 중시하지요. 물론 겸손은 미덕이고 그래야 하는 것이 맞지만, 처음 자신을 소개하면서 지나치게 겸손할 필요는 없을 것 같습니다. 이때 농담을 살짝 섞는 것은 어떨까요? 이를테면 지금 취준생이라 해도 "With my background and experience, something nice will come up very soon(이렇게 괜찮은 경력이라면 조만간 좋은 소식이 올 거예요)"라고 미소를 띠며 말하는 편이 낫겠지요.

자기소개 연설은 자연스럽게 말했을 때 2~3분 정도가 되도록 만들어 두고 적절하게 길이를 조절해 사용하는 것이 좋습니다. 실제로 활용도가 높은 것은 1분 이내로 짧은 거예요.

이런 자기소개 연설을 여러분도 한번 만들어보세요. 그런데 자기소개를 만드는 것보다 더 중요한 것은 자연스럽게 튀어 나오도록 연습해 두는 일이지요. 녹음해서 자주 들으며 완벽 하게 익혀 놓으면 어떠한 상황에서든 활용하기 좋습니다.

영어로 멋진 자기소개를 해서 자신을 널리 알려 보세요. 그 러면 지구촌의 다양한 친구를 사귀기가 훨씬 쉬워질 겁니다. 글로벌 시대에 알맞은 영어 자기소개 연설, 더 멋지고 다양하 게 사는 삶의 첫 번째 순서로 추천합니다.

파티 스피치

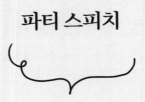

인생 최고의 날을 위하여

Life is a self-fulfilling prophecy. - Anonymous

인생은 스스로 이루어가는 예언이다. - 작자 미상

인생 최고의 날에 하는 연설, 또는 'Come-as-you-will-be' Party Speech(미래의 내 모습이 되어 하는 파티 연설). 이름이 참 멋지죠? 미래의 내가 되어 연설해 보다니, 마치 타임 슬립 드라마의 교실판같지 않나요? 제가 얼떨결에 맡게 된 영어 연설의 마지막 수업입니다. 해마다 학생들에게 '가장 멋진 학기말 고사'라는 별명을 얻은 이 연설을 할 무렵이면 저는 아주 바빠집니다. 학생들이 미래 어느 멋진 날의 자신이 된 기분이 들도록 이것저것 준비를 해야 하기 때문이죠.

첫 번째 할 일은 미래의 자신에게 질문하고 답해 본 후 연설문을 준비하라는 주문입니다. 지금은 몇 년도, 나는 몇 살인가?, 왜 지금이 인생 최고의 날인가?, 역경이 있었다면 그것을 어떻게 극복했으며, 누가 도움을 주었나? 같은 여러 질문들을 주고 답해 보게 합니다. 때로는 너무 막연하다며 고민이 깊어지는 학생들이 있어 상담을 해야 하는 경우도 생겨요. 세속적인 성공을 별로 중요하게 생각하지 않아 무얼 말해야 할지 모르겠다는 학생도 있었고, 가장 행복한 날은 죽기 얼마 전일 거라며 노인 분장을 하겠다는 학생도 있었어요. 어떤 경우이든 멋지고 긍정적인 내용이라면 모두 존중해 주었습니다. 노벨 문학상 수상자가 된 어느 학생은 아직 만나지 않은 미래의 아내에게 감사하며 진짜 눈물을 흘리기도 했는데, 그만큼 마음의 준비가 진실했기 때문이겠죠.

두 번째 할 일은 실감 나는 배경을 준비하는 일입니다. 예쁜 풍선으로 연단을 장식하고, 사이다로 샴페인처럼 건배를 들고, 꽃다발 하나를 준비했어요. 발표를 하게 될 누구나 꽃다발을 받고 박수 속에 자신의 연설을 시작하도록 했고요. 그래서 이 작은 꽃다발이 마지막 사람의 것이 되기까지, 모든 학생들의 연설에 그럴듯한 분위기를 만들 수 있었어요.

이 수업을 시작하고 몇 년 후 작은 기적과도 같은 소식이 하나둘 들려오기 시작했습니다. 미리 인생 최고의 날을 상상해 본 학생들이 그 방향을 향해 가는 중간 지점을 찍었다거나 진짜로 그렇게 살고 있다는 이야기였어요. 참 신기하죠? 그중 가장 기억에 남은 두 가지 이야기를 소개해드릴게요.

하루는 A양이 느닷없이 의학전문대학원에 합격했다고 메

일을 보내온 일입니다. 영문학과 경영학을 복수 전공한 이 학생에게 인생 최고의 날은 자신이 경영하는 병원이 전국 최고의 병원으로 뽑혀 상을 받는 날이었습니다. 그는 할머니가 입원하신 일을 계기로 병원 운영의 중요성을 깨닫고 잘해 보고 싶어 그런 연설을 했던 거였어요. 그러나 연설을 하고 나니 의업을 모르면서 병원 경영을 잘하기는 어렵겠다는 생각이 들었대요. 그래서 남몰래 의학전문대학원을 준비했고 수학과 화학을 공부하느라 고생했지만 결국 해냈습니다. "선생님, 인문대 출신은 저밖에 없더라고요"라는 대목에서 저는 소름이 돋을 정도로 놀랐고 그 의지와 노력이 참으로 대견했습니다. 아마도 그가 이루고자 한 꿈의 힘이 갖은 어려움을 이겨 낸 것이겠지요. 저는 A양이 경영할 병원이 우리나라 최고의 병원이 될 것이라고 확신해요.

또 한 사람은 NGO 활동가가 되어 봉사하는 기쁨을 인생 최고의 날 연설에 담았던 B군입니다. 그는 졸업 후 대기업에 취직했는데, 아프리카로 출장 갔을 때 자신이 했던 연설을 떠올렸대요. 그래서 사표를 내고 국제관계를 공부하러 미국 터프츠 대학(Tufts University)의 플렛처 스쿨(Fletcher School)에 진학했습니다. 졸업생 대표 연설자로 뽑힌 그는 졸업과 동시에 유엔 산하 기구인 유니세프(UNICEF)에 취직해 네팔로 간다며 소식을 전해 왔어요. 몇 년 후 부임지를 옮길 때 함께 NGO 활동을 하는 아내, 아이와 함께 학교로 저를 찾아와 주었습니다. 얼마나 기뻤는지 몰라요. 여기까지도 감동적인데, 그는 배움이 더 필요하다며 하버드대 보건대학원 박사 과정에 진학해 더 큰 꿈을 키워 가고 있습니다. 그가 보다 나은 세상을 만드는 데 공헌하도록 저도 이 수업을 통해 힘을 보탠 것 같아 감격스러워요.

이렇게 연설 수업에서 인생의 목표 지점을 설정한 많은 학생들이 자신의 전공과 크게 상관없이 소설가, 의사, 국제 변호사, 아나운서, 글로벌 기업의 임원 등 자신이 진정으로 하고픈 일을 하며 즐겁게 살고 있다고 때때로 소식을 전해 줍니다. 이 수업의 학기말 연설이 자신의 꿈을 구체화하고 키워 낸 원동력이 되었다고 말하면서요.

이 연설은 마치 GPS 같습니다. GPS는 Global Positioning System의 약자죠. 굳이 번역하면 '범지구 위치 결정 체계'로, 우리가 운전을 하든 걷든 필요할 때마다 잘 사용하고 있어요. 실제로 거창하게도 지구를 도는 24개 이상의 위성을 작동시켜 가능하다네요. 어쨌든 GPS는 우리가 목표 지점을 찍으면 그리로 가는 가장 빠른 길을 알려 줍니다. 간혹 길을 잘못 들어서도 금세 본래의 목적지로 가는 길을 다시 안내해 주니 안심이지요. 그렇지만 이런 첨단 기술이 있어도 목표 지점을 찍지 않으면 아무 소용이 없어요. 인생에서도 가고 싶은 곳이 어디인지 확실한 지점을 찍는 것이 중요할 텐데, 어쩌면 내 삶의 가장 행복한 날을 상상해 보는 게 바로 그 일이 아닐까 싶습니다. 가장 가고 싶은 곳이 생기는 거니까요.

훌륭하게 성장하는 학생들을 보며 저도 제 인생에서 가장 기쁜 날은 언제일까 상상해 봅니다. 아마 은퇴할 무렵, 행복하고 충만하게 살고 있을 제자들을 초대해 함께 즐거운 시간을 보내는 날일 거예요. 진짜 샴페인 잔을 들고 할 파티 연설을 저도 준비해 둬야겠어요.

물론 그날 이후에 또 다른 연설을 준비해야 할지 몰라요. 사실 우리 삶에 가장 기쁜 날은 하루가 아닐 것이기 때문입니다. 한 가지 분명한 것은 그날이 아직 오지 않았다는 겁니다. 새로운 목표 지점을 찍으면 또 다른 파티 스피치가 필요하고요. 저는 제 미래의 멋진 날이 더 멋질 수 있도록 계속해서 연설 수업의 기적을 만들어 가렵니다.

여러분도 자신의 삶에서 가장 멋진 날에 할 연설을 미리 만들어 보시면 어떨까요. 마음의 눈으로 목표 지점을 먼저 보고,

그 장면을 구체적으로 그리며 오늘을 즐겁게 살아간다면 그 것이 어디든 곧 도달할 수 있을 거예요.

영어 이메일 쓰는 법

마음을 전하는 메시지

In the past, before phones and the Internet,
all communication was face-to-face. Now, most of it is
digital, via emails and messaging services. - Palmer Luckey

과거 전화와 인터넷 이전에는 모든 의사소통은 대면으로 이뤄졌습니다.
이제 대부분은 이메일이나 메시지 서비스를 통한
디지털 방식으로 이뤄집니다. – 파머 럭키

회사원이 된 제자가 외국에 보내는 메일 쓰기가 힘들다며 좋은 방도가 없겠냐고 질문한 적이 있습니다. 그는 특히 영어에도 공손한 표현이 있다는 걸 알지만 정확히 몰라서 자신이 쓰는 업무 메일이 너무 구어체라 결례일지, 혹은 지나치게 형식적이라 거부감을 주는 건 아닐지 고민이라고 합니다. 저도 어느 한국인이 쓴 영어 메일이 아주 거만하다는 느낌을 받은 적이 있어요. 쓴 사람이 결코 의도하지 않았을 것이라서 안타까웠지요. 영어 메일, 어떻게 써야 좋을까요?

메일을 잘 쓰기 위해서는 두 가지에 신경 써야 합니다. 첫째는 편지의 형식을 지키는 것이고, 둘째는 알맞은 단어를 골라 격식에 맞는 문장을 쓰는 것입니다.

메일의 형식은 상대와의 관계와 현재 상황을 고려해야 합니다. 격식을 갖추려면 고전적인 편지 쓰기 양식을 반영해서

줄 바꿈을 하면서 품위를 갖추는 데 필수적인 단어 몇 가지를 사용하는 것이 좋습니다. 우선 'Dear(친애하는)'로 시작할지 말지를 결정하고, 상대의 이름만 쓸지, 성에 'Mr.'나 'Dr.' 같은 타이틀을 붙일지, 어떻게 인사할지, 맺음말을 꼭 쓰되 어떤 것으로 할지 결정합니다. 친한 사이라면 'Hi Jane!' 하고 시작해도 되지만, 격식을 차려야 할 경우라면 'Dear Ms. Warner'라고 시작하고, 줄 바꿈 후 한 줄을 띄고 'Hello!'(가까운 사이이고 덜 격식을 차려도 되는 상황) 혹은 'I hope this letter(message) finds you well'(조금 먼 사이이거나 격식을 갖춰야 하는 상황)과 같이 적절한 인사말을 고릅니다. 완전히 모르는 사람에게 쓰는 메일이라면 'Dear Sir or Madam'이나 'To whom it may concern(관련자께)'이라고 시작하면 됩니다.

서두에 상대를 부르는 호칭은 주의해서 정해야 합니다. 평소에 서로 이름을 부르는 사이라도 공식적인 편지라면 높여 주는 것이 좋습니다. 호칭을 결정하기가 어렵다면 주변에 알아 보거나 직접 물어 보세요. 'How do you want me to address you?(어떻게 부르면 좋을까요?)'라고 말이지요.

단어 선택은 격식을 갖춰야 할 경우에는 신경을 좀 써야 합니다. 이를테면, ask보다 inquire, kids보다 children 등 흔히 쓰는 말도 더 점잖은 것을 고르고 gonna, wanna 같은 축약이나 lol 같은 축약어, 그리고 불필요한 이모티콘과 문장부호 같은 것은 되도록 피하는 것이 좋아요.

마무리 말도 써야 하는데, 친한 사이라면 'Many thanks' 정도도 괜찮지만, 공식적인 편지라면 'Best regards(안부를 전하며)', 'Sincerely(진심을 담아)' 같은 고전적인 맺음말을 씁니다. 맨 마지막에 자신의 이름을 쓰는데, 가까운 사이엔 별칭을 써도 좋아요. 하지만 격식을 차린다면 이름과 성을 다 쓰고 자신의 직위와 직장, 주소 등 정보를 제공하기도 합니다.

본문의 내용을 쓸 때 문장은 에두른 표현이 공손하게 여겨집니다. 이를테면 같은 말이라도 수동태로 하거나, 조건문을 쓰거나, 질문으로 표현하거나, 조동사를 과거형으로 표현하는 것 등이 점잖은 글을 만듭니다. 예를 들면 다음과 같아요.

수동태 사용하기

You told me that ~ → I was informed that ~

조건문 사용하기

Thank you. → I would appreciate it if you could do this.

질문으로 만들기

I would like to get some information → Could you send me some information?

조동사의 과거형 사용하기

Can you come? → Could you come?

공손한 표현을 쓰는 방법과 구체적인 예문이 인터넷에 많이 나와 있으니 키워드, polite email samples 등으로 검색해 도움을 구할 수 있습니다.

메일 쓰기가 생각보다 까다롭지요? 맞아요. 본래 글쓰기가 말하기보다 까다롭습니다. 말할 때는 조금 틀려도 대수롭지 않게 넘어갈 일도 글로 쓰면 다시 볼 수 있고 오래 남으니 대번에 표가 납니다. 정황을 알면 대충 이해하고 넘어갈 수 있는 대화와 달리 메일로 쓴 글은 전후 맥락에 부합하는지, 부연 설명 없이도 이해되는 표현인지, 앞뒤 논리가 맞는지 등 신경 써야 할 것이 많아지죠. 요즘은 AI의 도움을 받기도 하지만, 여전히 글쓰기는 갈고 닦아야 하는 정교한 영역입니다.

저도 한 외국인 학생에게서 'Dear Prof. Chae, … Warmest regards, Sujan Lama'라고 격식을 갖춘 메일을 받았을 때 따

뜻한 정성이 느껴져 고마운 마음이 들더군요. 한국어 메일도 마찬가지잖아요? 상대를 배려해 세심하게 다듬은 문장은 의미도 더 잘 전달한다는 걸 기억하세요.

모든 종류의 언어에서 기초는 사려 깊은 마음이지요. 마음을 전하는 메시지를 영어로 멋지게 주고받으시기 바랍니다.

영어 말하기와 글쓰기의
기초

설득의 수사학

Rhetoric is the art of ruling the minds of men. - Plato

수사학은 인간의 마음을 지배하는 예술이다. – 플라톤

서양의 말하기와 글쓰기는 그리스 시대에 유래한 수사학(Rhetorics)에 뿌리를 두고 있습니다. 이번에는 영어 말하기와 글쓰기의 기초에 대해 알아 볼까요?

그리스 시대는 정치적 담화는 물론 크고 작은 분쟁을 광장에서 해결했기 때문에 시민들은 말을 통해 민주주의의 전통을 세움과 동시에 수사학을 만들어 냈습니다. 그들은 무엇을 어떻게 말해야 효과적으로 남을 설득시킬 수 있을지 깊이 고민했고 전문가인 궤변론자들이 등장해 설득의 기술을 사고팔거나 가르치기도 했는데, 사람들의 다양한 목소리를 아리스토텔레스가 학술적으로 정립했습니다. 이어 로마의 정치가이자 철학자인 키케로가 저술을 남긴 덕분에 수사학의 전통이 서양식 사고의 중심에 자리 잡게 되었지요. 그래서 서양인들은 어려서부터 말하기와 글쓰기를 체계적으로 훈련받고, 수사학을 지식인의 중요한 덕목으로 여깁니다.

우리도 '문해력이 힘이다', '말로 하면 생각이 정리된다', '글을 써야 창의력이 발달한다'라는 말을 자주 합니다. 수사학이라는 단어 자체는 어렵게 느껴지지만 '말과 글로 사람을 설득하는 방법' 정도로 이해하면 쉬울 것 같아요. 전쟁에서 이기는 것만큼 말로 이기는 것이 중요했던 시대에 만들어져서 그런지 체계가 정연합니다. 물론 '수사학'을 부정적으로 해석해 '겉만 번드르르한 말로 상대를 홀린다'는 의미로도 쓰지만, 그보다는 긍적적인 의미로 '대중에 대한 설득과 소통의 기술'로 존중하는 경향이 더 크지요.

　수사학의 체계는 이토스, 로고스, 파토스라는 세 요소로 이루어집니다. 이토스(Ethos)는 '유대감 쌓기'로 해석할 수 있는데, 말하는 사람이 스스로를 소개하며 자신이 이런 말을 할 자격이 있다는 점을 알림으로써 청중에게 신뢰감을 주는 것입니다. 즉, 연설의 배경을 조성하는 작업을 말하지요. 이토스를 설명할 때, 훌륭한 바이올린 연주자도 지하철 통로에서 청바지 차림일 때와 뮤직홀에서 연미복 차림일 때 청중의 태도가 다르지 않으냐고 비유하더라고요. 로고스(Logos)는 자신이 주장하는 내용에 대한 논리적 근거와 구체적인 증거를 제시하는 것으로, 연설이 설득력을 갖추게 하는 핵심 요소입니다. 이때 삼단논법이나 수사학적 질문, 다양한 비유법을 사용해 효율성을 높이죠. 파토스(Pathos)는 청중의 감정에 호소하는 것을 뜻하는데, 연설이 마음을 움직여야 한다면 로고스보다도 중요한 부분일 수 있어요. 그래서 남들이 내 말을 믿고 공감하게 만들 온갖 방법을 동원하죠. 이때 과장법이나 반복법, 돈호법 같은 수사기법과 목소리를 조절해 사용하는 것이 효과적입니다.

수사학의 세 요소는 다섯 단계로 실현되는데, 첫째는 인벤션(Invention 혹은 Inventio)으로 말할 바를 발견하는 것, 혹은 주제를 잡는 것입니다. 둘째는 디스포지션(Disposition, 혹은 Dispositio)으로 말하고자 하는 바를 잘 배열하는 것을 의미합니다. 셋째는 엘로쿠션(Elocution, 혹은 Elocutio)으로 적절한 단어로 내용을 잘 표현하는 것을 뜻합니다. 넷째는 메모리제이션(Memorization, 혹은 Memorio)으로 말하려는 것을 암기하는 단계입니다. 좋은 연설은 대부분 외워서 한다는 뜻이죠. 마지막 다섯 번째는 액션(Action, 혹은 Actio)으로 실제로 연설을 실행하는 일입니다. 수사학의 짜임새가 꽤나 분명하죠?

이런 수사학의 전통에 기초한 요즘 말하기와 글쓰기는 각기 세 단계가 있다고 여겨집니다. 말하기의 세 단계는 대문 열기(Opening), 내용 전달(Content), 대문 닫기(Closing)이고, 글쓰기의 세 단계는 서론 (Introduction), 본론(Body), 결론

(Conclusion)이 있습니다. 하지만 서양식 말하기와 글쓰기에서 가장 중요한 점은 문단(paragraph)이라고 불리는 구조로 이루어진다는 점 같아요. 문단이 어떤 것인지 좀 알아 볼까요?

문단의 핵심은 하나의 아이디어를 한 문장으로 줄여서 전달하고, 왜 그런지를 설명하고, 이를 재차 강조하는 구조라고 할 수 있어요. 주제문(topic sentence)을 제일 먼저 쓰고, 그에 대한 이유나 설명, 예시를 몇 개의 문장으로 제공한 후에 주제문에 대한 결론을 내리는 것으로 흔히 A-B-A′ 구조라고 말합니다.

아이들에게는 햄버거의 빵이 맨 위에 있고 아래에 각종 채소와 고기가 다양하게 있고 다시 맨 아래에는 빵을 둔 구조와 같다고 설명하기도 해요. 문단은 글의 집을 짓는 벽돌과 같아서 하나하나 제대로 만들지 않으면 글의 구조가 무너진다고 겁을 주기도 합니다. 실제로 영국과 미국의 학생들은 어릴 때부터 문단 쓰기를 반복적으로 익히죠. 이런 구조는 우리에게 낯설기 때문에 의도적인 훈련이 필요하지요. 우리가 여러 가지 글의 형식 중 하나로 배운 두괄식 구조가 서양식 문단 쓰기와 비슷하다고 할 수 있습니다.

가령 내가 제일 좋아하는 영화를 주제로 문단 쓰기 연습을 해 볼게요. 막연한 시작보다는 분명하게 자신이 좋아하는 영화 제목을 이야기해 주면 좋아요. 이어서 이 영화를 좋아하는 이유, 얼마나 좋아하는지 등의 내용을 씁니다. 그리고 주제문보다 약간 확장해 마무리하면 완성도를 높일 수 있어요.

My favorite movie is *Home Alone*. I fell in love with this movie because I could relate to the boy in the story, as I am also the youngest in my family. I have watched all three movies in the series, and for the past fifteen years, I've made it a tradition to watch the first one every Christmas. I will continue to love *Home Alone* and look forward to watching it with my own children someday.

어떠세요? 비교적 쉬운 주제의 문단 쓰기 연습이 충분히 가능하겠죠? 좋아하는 영화나 노래, 음식이나 식당, 여행지 등 이야깃감이 분명한 주제도 좋고 조금 발전한다면 시사적인 주제에도 한번 도전해 보는 것도 추천합니다.

물론 문단을 쭉 모아 놓는다고 저절로 좋은 에세이가 되지는 않죠. 그래서 에세이의 구조가 따로 있는데, 서론과 결론 문단을 따로 둡니다. 서론에는 독자의 눈길을 끄는 훅(hook)이라는 구조가 올 수 있고 전체를 관통하는 주제(theme)가 드러나야 합니다. 에세이의 구조도 두괄식인 거죠. 본론에는 적어도 3~5개의 문단을 쓰고, 결론에서 핵심 논제를 다시 언급하며 마무리한 후 제언이나 예측을 덧붙이는 문단을 쓸 수도 있습니다.

자신의 생각을 말과 글을 통해 다른 이들과 공유하려면 간결함과 정밀함이 단어 하나, 문장 하나에 차근차근 실현되어야 해요. 수사학에서 말하는 세 가지 원칙과 직유법, 은유법, 반복법 같은 수사기법도 영어 글쓰기를 풍요롭게 합니다. 말하기와 글쓰기의 목표는 내가 하고픈 이야기를 상대방이 잘 이해할 수 있도록 분명하고 효과적인 언어로 포장해서 전달하는 것이니까요.

다섯 번째 수업

영어 문화권
이해하기

영어권 나라의 사회와 문화를 이해하면
영어 소통에 도움이 됩니다.
영어는 나고 자라 자연스럽게 익힌
우리말이 아니니까요.
이 수업에서는 영어권 사회의 문화를
간단히 소개할게요.

나를 부르는 여러 이름

Address Terms

Ability is what you're capable of doing.
Motivation determines what you do. Attitude determines
how well you do it. - Lou Holtz

능력은 당신이 무엇을 할 수 있는지를 말하고, 동기는 당신이 무엇을 할지를
결정하며, 태도는 당신이 그것을 얼마나 잘할지를 결정한다. - 루 홀츠

영화 〈악마는 프라다를 입는다〉를 보셨나요? 특이하게도 이 영화에서 잡지사 직원들이 무서운 편집장을 타이틀과 성(Ms. Presley)으로 된 정중한 호칭 대신 이름인 미란다(Miranda)로 불러요. 막상 자기는 주인공인 새 비서 앤드리아(Andrea)를 굳이 다른 비서의 이름인 에밀리(Emily)라고 불러서 무안을 주기까지 하는 싸늘한 성격이면서 사원들에게 상사의 이름을 부르게 한 건 좀 이상하죠? 그는 아마도 패션계의 전통을 따르는 것이거나 좀 더 쿨한 인물로 보이려는 의도를 가진 것 같아요.

영어에도 존대법이 있냐는 질문을 받곤 합니다. 거의 모든 언어에 정중한 표현이 있게 마련이지만 영어에는 한국어의 '-께서', '-시-', '-합니다'처럼 문법이 된 요소도 없고 상대를 가리키는 대명사도 'you' 하나라서 존대법이 따로 없는 것처럼 보이기도 합니다. 영어는 상황에 따라 캐주얼과 포멀 잉글리시가 있다고 하는데, 영어에도 존대법이 있다고 보는 영역이 분명히 존재해요. 앞서 이야기한 사례처럼 호칭이 바로 그렇습니다. 즉, 현대 영어의 존대법은 호칭에 단계를 두고, 적절한 단어와 문장 형태로 격식성을 나타내는 것이라고 요약할 수 있지요.

상대를 높이려면 적절한 호칭이나 타이틀(title)을 이름 앞에 사용해요. 타이틀로 쓰이는 단어는 일반적으로 널리 쓰는 Mister와 Miss 같은 것도 있고 Doctor, Professor, Judge 같은 존경받는 직업의 이름도 몇 가지 쓰입니다. 물론 호칭의 사용에는 지역적인 차이도 있어서 영국영어는 공식 서류에 사용하는 타이틀이 거의 사용하지 않는 'Lady'나 'Lord' 같은 작위까지 포함해 열두 가지쯤 있지만, 미국영어는 네 단계 정도만 구분합니다. 미국 내에서도 보수적인 동부와 진보적인 서부의 관습이 약간 다르고요. 일반적인 미국영어는 이름이 'Elizabeth Taylor'인 경우 별칭(Liz), 이름(Elizabeth), 이름과 성(Elizabeth Taylor), 타이틀과 성(Ms. Taylor)으로 나눠 상황에 맞춰 씁니다.

그런데 미국영어는 호칭의 단계를 인지하기 힘들 정도로 처음에 잠깐 '타이틀과 성'을 쓰고는 웬만하면 바로 이름이나 별칭을 부르죠. 영어가 존대법이 없다는 오해를 받는 건 아마도 미국인들이 지위 높은 사람, 심지어 대통령과도 사석에서 이렇게 서로 이름을 부르기 때문이에요. 이름 부르기(first name calling)는 평등을 강조하는 문화 때문입니다. 그래서 그들이 늘 평등하게 소통하는 것 같아 보이지만, 내적으로 항상 그렇지는 않고 지향하는 바가 그런 것이라고 이해하면 됩니다.

영어의 호칭 사용에는 일종의 규칙이 있습니다. 특히 잘 모르는 사람이나 지위가 높은 상대에게 다르죠. 이웃집 할머니께는 이름인 'Norah' 대신 타이틀과 성 'Mrs. Smith'라 부르고, 직장 상사라면 타이틀과 성을 쓰는 경우가 더 많아요. 간단한 말도 호칭과 함께 예의를 차리며 달라집니다. 이를테면 'Thanks!' 한마디 할 것도 'I appreciate it' 하는 식으로요.

호칭 사용에서 암암리에 지켜야 하는 예절도 있습니다. 대부분의 경우 호칭의 전환은 윗사람이 제안해야 가능하지요. 예컨대 처음 만난 교수를 학생은 'Professor Labov' 하는 식으로 높여 부르는데, 교수가 대학원 학생들은 자신을 편하게 부르라며 'Call me Bill'이라고 말해 주기도 해요. 그가 이런 말을 하지 않았는데 학생이 앞장서서 먼저 교수의 이름을 부르기는 어렵습니다. 만약 그런다면 결례이고 예의 없는 사람으로 낙인 찍힐 수 있죠. 사원과 사장 사이도 마찬가지고요.

그런데 서로 이름을 부르게 된다고 해서 이들 사이에 지위의 차이가 사라지는 건 아니기 때문에 이런 상황을 '계층 위장(stratification masking)'이라고도 합니다. 친밀함과 평등을 중요시하는 문화라 드러내어 위계의 차이를 언급하지 않을 뿐이란 거죠.

미국의 호칭 문화를 잘 보여 주는 또 다른 예도 기억납니다. 어느 고등학교 선생님이 제자들이 대학에 들어가자 메일을 보내 오늘부터 자신을 Mr. Griffith가 아닌 Tony라고 부르라고 하셨대요. 성인이 되었으니 동등하게 대하겠다는 표현이었죠. 이처럼 되도록 타인을 평등하고 가깝게 대하는 것이 예의라고 여기는 거고요. 이 점이 상대를 높이고 나는 낮춰서 간극을 벌이는 것만 예의라고 생각하는 우리의 문화와 다릅니다. 물론 미국인들도 자신을 좀 높여 준다고 해서 싫어하지는 않아요.

자세한 차이까지 알기는 어려워도 남의 문화를 이해하려는 태도는 중요합니다. 사람살이가 다 비슷하다는 인식은 인간됨의 바탕이 같다는 말이겠지요? 인류의 문화에는 신기하리만치 비슷한 점이 많은 것이 사실이에요. 하지만 사회마다 강조하는 면이 달라 그런 점을 이해해야 깊이 있는 소통이 가능한 것 같습니다.

호칭은 많은 언어에서 존대법의 일부입니다. 영어도 마찬가지죠. 우리도 누군가 나를 함부로 부르면 기분이 상하잖아요? 세상 어디에서나 서로 알맞은 호칭으로 부를 때 좋은 관계를 맺을 수 있어요.

영어의 대명사
너, 혹은 당신

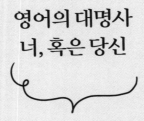

Thou and You

How do I love thee? Let me count the ways.
- Elizabeth Barrett Browing

내 너를 얼마나 사랑하는지? 헤아려 볼게.
- 엘리자베스 배럿 브라우닝

"영어는 상놈의 말이다. 부모한테도 you, 선생한테도 you! 위아래를 몰라보니 그게 상놈들이지 뭐냐?" 중학교 때 연세 지긋하신 선생님께서 이렇게 말씀하셨습니다. 그때는 그 말이 옳다고 생각했어요. 낯선 사람과 어르신을 모두 'you' 하나로 부르는 건 저 역시 불편한 마음이 들었기 때문이지요.

영어의 you는 평등의 상징처럼 여겨지는 것 같아요. 대부분의 한국인들은 영어 you를 쓸 때 해방감을 느낀다고 합니다. 제가 영시 번역을 조금 살펴보며 깨달은 것은 이 단어야말로 한국어로 번역하기가 엄청나게 까다롭다는 거예요. 위계를 구분하지 않고 두루 쓰이는 2인칭 대명사가 한국어에는 없기 때문이죠. 특히 우리는 윗사람을 부르는 것조차 어려워하는 언어예요. 그렇다면 영어가 사용되는 문화는 우리와 어떻게 다르기에 지위고하를 막론하고 상대방에게 같은 대명사를 사용하는 것일까요? 사람 사는 세상이 다 비슷할 텐데, 영어에는 왜 상대를 높여 주는 대명사가 없는 걸까요?

흥미롭게도 중세영어에는 2인칭 대명사에 존칭이 있었습니다. 단수이자 평칭인 'th-형태'가 있었고 복수형이자 단수로 쓰였을 때 경칭인 'y-형태'가 모두 격에 따른 굴절형들(문장 속에서 문법적 관계를 나타내기 위한 형태)로 존재했지요. 즉, 프랑스어의 tu와 vous처럼 영어에는 thou와 ye가 있었습니다. 프랑스어에는 2인칭 대명사 단수형인 'tu'와 복수형인 'vous'가 있는데, vous를 단수에 사용하면 상대방을 높이는 표현이 됩니다. 이를테면 어떤 사람에게 'Je t'aime'라고 하면 '널 사랑해'이지만, 'Je vous aime'라고 하면 '당신을 사랑합니다'인거죠. 이런 2인칭 대명사의 분포는 이탈리아어(tu/voi), 스페인어(tu/ustad), 독일어(du/Sie), 스웨덴어(tu/ni) 등 대부분의 유럽언어에서 발견되며 그 뿌리는 라틴어의 tu/vos 구분입니다.

즉, 예전 영어에서 thou, thee, thy 등이 단수형을 말할 때 사용한 2인칭 대명사입니다. 그리고 ye, you, your, yours 등이 이것의 복수형이었고요. 그런데 thou([ðaw]('다우'라고 발음))를 비롯한 단수 형태들은 모두 사라지고 지금은 단수와 복수의 구분이 없이 복수였던 ye 계열만 사용하고 있죠.

당시 thou의 흔적을 영국 최고의 시인이자 극작가로 근대

영문학을 꽃피운 셰익스피어(William Shakespeare)의 문장에서 엿볼 수 있어요.《햄릿》의 한 구절을 살펴볼까요?

Queen: Hamlet, thou hast thy father much offended.
햄릿, 너는 네 아버지를 무척 화나게 했구나.
(2인칭 단수형, 평칭)

Hamlet: Mother, you have my father much offended.
어머니, 당신이 내 아버지를 무척 화나게 하셨습니다.
(2인칭 복수형을 단수로 사용, 경칭)

　왕비의 말은 2인칭 대명사로 th-형태를 사용하여 비격식적이고 친밀한 면을 드러내면서 아들을 야단치는 태도를 보여주는 반면, 햄릿의 말은 2인칭 단수에 y-형태를 사용하여 둘 사이의 관계를 공식화하고 자신이 어머니에게 느끼는 심리적 거리와 불만, 나아가 어머니를 힐난하는 태도를 드러내고 있습니다. 나중에 왕비가 나도 죽일 생각이냐고 물을 때는 두려움에 떨며 햄릿에게 y-형태를 사용합니다. 이처럼 중세에는 2인칭 대명사의 두 가지 형태를 사용해서, 상대방을 다르게 불렀던 겁니다. 즉, 복수형 ye를 단수형 thou 대신에 쓰면 경칭의 의미였지요.《햄릿》의 유명한 구절 Frailty, thy name is woman(약한 자여, 그대 이름은 여자다)에도 평칭의 형태가 나오네요. 이런 식으로 복수형 ye가 단수에 쓰이면 경칭을 의미하는 경향은 고대 영어에서는 약했지만, 1066년 노르망디의 윌리엄 공의 침략 후 프랑스어의 영향으로 더 강해졌다고 합니다.

그런데 점차 영어에서 단수형 thou가 사라지면서 구분이 사라졌고, 이로 인해 영어 대명사의 구조에는 커다란 빈자리가 생겨났습니다. 즉, 1인칭 I의 복수형에 we가 있고 3인칭 he/she의 복수형에 they가 있지만, 2인칭에는 복수형이 따로 없고, 단수 복수가 모두 you입니다.

영어로 여러 사람에게 "안녕하세요? 잘들 지내세요?" 묻고 싶으면 어떻게 말할까요? 그냥 "How are you?"라고 하면 됩니다. you에 복수의 뜻이 있으니까요. 굳이 복수형을 강조하고 싶다면, "How are you all?", 가까운 사이라면 "How are you guys?"가 적당합니다. 지역에 따라 ye, yous(e), yinz(you-uns, yinz guys), y'all, you-together 등의 색다른 형태를 쓰기도 하지만, "I'd like to see all of you" 정도로 말하는 편이 낫죠. 자칫 미국 남부(y'all을 쓰는 지역)나 동부의 도시 피츠버그(yinz를 쓰는 지역)에서 왔다고 오해를 받을 수 있으니 말예요.

유럽의 여러 언어 중에서도 오직 영어에서만 일어난 '너' 실종 사건, 이 기이한 일은 대체 왜 일어난 것일까요? 흔히 기능어로 분류되는 대명사는 쉽게 더해지거나 없어지기 어렵죠. 게다가 복수형이자 경칭으로 쓰였던 you가 아니라 더 기본적인 형태인 단수형이고 평칭인 thou가 사라져 버리다니요. 그 이유는 과연 무엇일까요?

첫 번째로 손꼽히는 원인은 퀘이커(Quaker) 교도의 영향입니다. 17세기 중엽에 개신교의 한 분파로 등장해 새로운 신앙을 주창하던 그들은 신 앞의 평등과 형제애를 내세우며 '서로 너라고 부르기(thou-calling)' 운동을 벌였습니다. 그러자 이단으로 취급받던 퀘이커 교도들과 자신들을 구분 짓기 위해서 일반인들이 you를 더 쓰게 되었다는 겁니다. 당시 주변의 냉대 때문에 상당수 퀘이커 교도들이 미국으로 이주하기도 했어요. 지금은 이들이 농사짓던 오트밀의 브랜드 이름이기도 해서 이들은 상당히 미국화된 느낌이에요. 그래도 당시 6만 명 정도에 불과했던 종교 집단 때문에 영어의 2인칭 대명사가 거의 일시에 사라졌다는 설명은 어딘가 부족해 보입니다.

두 번째 가설은 산업혁명 이후 누가 귀족인지 혹은 평민 출신의 신흥 부호인지를 알 수 없던 사회 분위기가 원인이었다는 설명입니다. 일단은 서로를 높여 부르는 게 안전하다는 집단적 심리 상태로 인해 you를 더 자주 사용하게 됐다는 거죠. 이 역시 명쾌하게 증명할 수는 없지만 퀘이커 가설보다 좀 더 신빙성이 있다고 받아들여집니다. 아마 두 가지 원인 모두가 thou의 사멸에 영향을 주었으리라 짐작됩니다.

17~18세기를 거치며 thou가 완전히 사라지면서 you 하나만 남게 된 현대 영어는 전 세계적으로도 유례를 찾기 어려운 가장 단순하고 평등한 2인칭 대명사 시스템을 갖춥니다. 분명한 건 평칭 thou로 낮추는 하향 평준화가 아닌, 상대방을 높이는 경칭 you로 상향 평준화가 됐다는 점이겠죠? 따라서 영어 you에는 상대를 낮추기보다는 오히려 존중하는 마음이 깃들어 있다고 해석할 수 있습니다.

그러니 영어 2인칭 대명사 you를 사용할 때, 평등해진 것은 사실이지만 본래의 의도는 상대방을 높여 부르는 셈이었다는 걸 한 번쯤 기억해 주세요.

같은 엄마라서

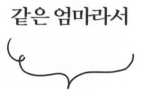

Lecturing Children

It is easier to build strong children than to repair broken men.
- Lord Byron

강한 아이를 만드는 것이 부서진 성인을 고치는 것보다 쉽습니다.
– 바이런 경

영국 북부 스코틀랜드의 중심 도시 에든버러를 여행할 때였습니다. 호텔 식당에서 조식을 가져다 준 웨이트리스가 기억에 남아요. 제게는 눈에 띄지도 않은 아주 작은 실수를 했을 뿐인데 느닷없이 "Every time! Not without a single mess!(늘 그래. 나는 하나도 제대로 하는 게 없지)"라며 제 앞에서 크게 자신을 질책했기 때문이었지요.

저는 그 말에 좀 놀라기도 했지만 '대체 누가 그런 말을 해서 이 젊은 여성의 무의식에 새겨 놨을까? 혹시 엄마일까?' 하는 생각에 안쓰러운 마음이 들었어요. 한편 제 자신은 아이들에게 어떤 잔소리를 각인시켰을까 돌아보게 되고 부모 역할이 쉽지 않다는 걸 새삼 느꼈지요.

다음날 그곳을 떠나 더블린 공항에 내렸을 때, 저는 뜻밖의 광경과 마주했습니다. 공항의 긴 복도를 걷는데 빨랫줄

이 그려져 있고 거기 널린 각양각색의 티셔츠 그림 위로 부모의 잔소리가 쓰여 있는 게 아니겠어요. 하나씩 읽는데 어쩜 우리가 하는 말과 그리 비슷한지요. 깜짝 놀란 건 'I hope someday you have children just like you(언젠가 꼭 너 같은 애를 낳아 키우기 바란다)'였고, 'Do you think that money grows on trees?(너는 돈이 나무에서 열리는 줄 아니)'는 정확하게 '땅 파면 돈이 나온다니?'의 아일랜드식이더라고요.

영어 버전이 한국어의 경우와 거의 똑같은 것으로는 '방이 꼭 돼지우리 같구나(Look at your room! It looks like a pigsty!)'와 '잘못했다고 해(Say you're sorry!)'도 있고, '아닌 건 아니야'는 'What part of no don't you understand?(아니라고 했는데 뭘 이해 못하니)'라서 아주 비슷했어요.

물론 문화가 다르다 보니 살짝 다른 잔소리도 있었어요. If you don't clean your plate, you won't get any dessert!(접시를 깨끗이 비우지 않으면 디저트는 없어), Beds are not made for jumping.(침대는 점프하라고 만든 게 아니야), I am not running a taxi service here!(내가 널 위해 픽업 서비스나 하는 사람인 줄 아니) 따위죠.

한국의 기성세대가 젊은이들에게 하는 '라떼는~' 스타일의 잔소리도 영어식은 약간 달랐어요. 'When I was your age, I was lucky if I got a jam sandwich(내가 네 나이 땐 쨈 바른 빵 하나만 생겨도 행운이었지)' 같은 거예요. '우리가 어렸을 땐 입에 풀칠하기도 어려웠다'와 비슷하면서도 주식이 빵과 밥으로 달라서 살짝 다르네요. 쨈만 바른 빵을 거창하게 '샌드위치'라고 부르는 것도 재밌습니다.

그런데 부모들에겐 보편적인 심리가 작동하나 봅니다. 잔소리와 더불어 또 하나 재미난 점은 다들 화가 나면 자식의 이름을 정식으로 부른다는 거예요. 부모님이 화났을 때 우리는 한지윤!, 김성준! 하는 식으로 부르잖아요? 그들도 그러더라고요. Justin David Clifford!, Anita Price! 하는 식으로 정식 이름을 부르면 아이는 뭘 잘못했나 싶어 긴장하게 되죠. 별명도 모자라서 '귀요미, 이쁜이' 혹은 'Honey, Sweetie, Pumpkin' 하며 다정하게 부르다가도 화가 나면 성까지 넣어 풀네임을 부른다는 건 영어로든 한국어로든 상대방과 간극을 넓혀 거리를 두겠다는 의미입니다.

본래 잔소리란 듣는 사람보다 하는 사람을 위한 것일까요? 하고 나면 속이 시원한 느낌이 잠깐 들지만 돌아설 때의 마음은 매번 편치가 않으니까 말예요. 부정적인 말은 꾹 참거나 눅

눅한 빨래처럼 햇볕에 뽀송하게 말린 다음에 해야겠어요. 가볍게 해서 같이 웃고 넘길 정도로만 말이지요.

　말은 생각을 반영하지만 일단 하고 나면 생각에 영향을 주는 것 같아요. 이건 정말입니다. 잔소리에도 자주 등장하는 영어 표현을 빌자면, Well, I really mean it(글쎄, 이 말은 진짜 진심이라니까요!)

엘리자베스 2세의 영어

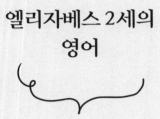

Queen's English

Famous have been the reigns of our queens.
Some of the greatest periods in our history have unfolded
under their sceptre. - Winston Churchill

우리 여왕들의 통치가 유명합니다. 우리 역사의 가장 위대한 시기 중 일부가
그들의 지휘봉 아래 펼쳐졌지요. - 윈스턴 처칠

2022년 9월, 자신을 주인공으로 한 드라마 시리즈 〈더 크라운(The Crown)〉이 세계적인 관심을 받던 중 96세였던 엘리자베스 여왕이 서거했습니다. 저는 71년간 재위한 여왕이 왕좌와 거리가 먼 존재로 어린 시절을 보냈다는 사실을 드라마를 통해 알게 됐어요. 그녀의 아버지는 미국인 이혼녀 심프슨 부인과 결혼하기 위해 왕위를 포기한 에드워드 8세의 동생이었죠. 하지만 형 대신 왕이 되어 2차 세계대전 등 힘든 시기를 보낸 부왕 조지 6세가 56세에 갑자기 사망하는 바람에 그녀는 25세의 젊은 나이에 왕위에 올랐지요.

엘리자베스 여왕의 영어는 어땠을까요? 혹시 연설을 들어본 적이 있으세요? 이토록 오랜 세월 동안 정기적으로 녹음된 사람이 없기 때문에 여왕의 영어는 학자들의 흥미로운 분석 대상이죠. 여왕의 영어는 우리가 흔히 접하는 미국식 영어와 상당히 다릅니다.

본래 영국은 여러 민족이 빚어낸 긴 역사 속에서 민족 방언, 지역 방언, 사회 계층 방언이 모두 발달해 매우 복잡한 상황입니다. 특히 사회 계층 방언이 알려져 있는데, 상류층이 특정한 말투를 쓴다는 것은 한 번쯤 들어 본 이야기일 겁니다. 영국의 계층 방언에 대해 먼저 알아 볼까요?

영국 상류층 엘리트의 말을 RP라고 부르는데, 이는 'Received Pronunciation'의 준말로 작위처럼 궁정에서 왕에게 '수여받은(received)' 발음이라는 뜻입니다. 런던을 중심으로 하는 동남부 지역의 말에 기반을 두지만 조금 다르죠. 흔히 Queen's English, King's English, BBC영어라고도 하고요. 이런 사회 계층 방언이 유지되는 이유는 '퍼블릭 스쿨(public school)'이라는 그들의 교육 시스템과 관련이 깊습니다. 학교의 운영은 사립이지만 18세기부터 전국에 문호를 개방했다는 의미로 퍼블릭이라 부른대요.

해리 포터가 11세에 통지서를 받고 호그와트 마법학교에 간 것처럼 영국 상류층 아이들은 10세 안팎의 어린 시절부터 전국 각지에서 특정 기숙학교로 모여듭니다. 대학 못지않은 이튼(Eton College)이나 해로우(Harrow School)의 명성을 들어 보셨을 겁니다. 드라마에서도 여왕이 찰스 왕자를 어느 기숙학교로 보낼지를 두고 남편 에딘버러 공작과 다투는 장면이 나옵니다. 이런 상황이니 아이들은 자신이 태어난 동네에서 지역 방언을 사용했다 해도 이내 RP에 익숙해지게 됩니다. 즉, 사회 계층이 높으면 지역 방언의 색채가 줄어드는 셈이죠. 왕실의 말투는 이런 RP의 정점이고요.

하지만 요즘에는 RP라는 말 자체가 위화감을 준다고 여기는 것 같습니다. 때로는 Real Posh(진짜 폼난다)의 약어가 아니냐며 비꼬기도 하고, 런던 출신인 사람에게 RP를 쓰느냐고 물으면 대부분 펄쩍 뛰며 '에스츄어리 잉글리시(Estuary English)'를 쓴다고 답하거든요. 이는 강 하구라는 뜻으로 테임즈강을 둘러싼 지역을 가리킵니다. 즉, 자신은 지역 방언을 사용할 뿐 계층 방언은 사용하지는 않는다는 의미죠.

우리 역시 서울말이 곧 표준어라고 생각하지만 사실 표준어와 서울말은 다릅니다. 예를 들어, 표준어를 사용하는 뉴스에서는 '그리고, 나도'라고 하겠지만 평소 대부분의 서울 사람들은 '그리구, 나두'라고 하지요. 언어는 사용하는 자의 것이므로 이제 경직된 표준어나 상류층 언어의 개념은 퇴색했습니다. BBC도 1980년대 후반부터는 RP를 고집하지 않고 지역 방언을 쓰는 아나운서들을 채용하기 시작했어요..

그런데 여왕의 영어에는 그저 RP라고 말하기 모호한 여러 다른 특색이 있습니다. 물론 RP의 특징을 보입니다. 모음 뒤의 'r'을 발음하지 않아서 car는 '카아'[kaː]로 하기, house의 이중모음 '아우'를 '아어'[aə] 정도로 약화하기, white 등 단어 말미의 't' 소리 명확히 내기 같은 것이죠. 여왕의 영어는 즉위 당시와 타계하기 직전이 다르다고 합니다. 모음을 발음할 때 구강의 앞부분을 더 많이 사용하던 방식에서 구강을 약간 더 여는 방식(broad)으로 바뀌었다고 하는데, 외국인의 귀에 큰 차이가 아니지만 여왕이 좀 더 대중에게 다가가려 노력한 것으로 해석되고 있어요. 한 사람의 언어도 시대에 맞춰 자연스럽게 변화한 점과 그의 성품이 엿보이는 대목입니다. 그런데 제게 더 흥미로운 여왕의 발음은 very처럼 모음 사이의 [r]을 혀끝으로 입천장을 살짝 쳐서 내는 것입니다. 이것은 RP가 아닌 스코틀랜드 영어에서 두드러지는 특징이거든요.

엘리자베스 2세는 부왕인 조지 6세과 마찬가지로 런던의 버킹엄궁이 아닌 스코틀랜드의 별궁에서 서거해 스코틀랜드의 수도 에딘버러의 작은 궁전 홀리루드(Hollyrood, 'holy rod' 즉, '십자가'라는 의미)에 모셨다가 비행기로 런던까지 운구했습니다. 첫 행렬은 에딘버러 구도심 길인 로열마일이었고, 장남 찰스 3세는 체크 무늬 스커트로 된 그곳의 전통 복장을 입었지요. 여왕이 하필 여기서 임종을 맞은 것은 아마 스코틀랜드 별장이 런던의 궁전보다 마음이 편했기 때문일 것 같습니다. 하일랜드(Highlands)라고 불리는 스코틀랜드 고원지대는 아름다운 자연으로 이름났죠. 여왕은 사냥, 낚시, 말타기 등 야외 활동을 하며 가족들과 오붓한 시간을 보냈으니 일거수일투족 주목받는 런던보다 자유로웠을 거예요. 토니 블레어 전 총리는 이곳에서 여왕이 직접 설거지를 하는 모습을 봤다고 해요. 의도한 바는 아니겠지만, 여왕이 이곳에서 서거한 사실은 스코틀랜드 주민들에게 깊은 인상을 남겼습니다. 군주제 폐지와 더불어 분리 독립을 추구하던 곳인데 조용해졌으니 말입니다.

본래 스코틀랜드는 독립된 국가였습니다. 하지만 왕가는 서로의 친척이 된 지 오래였죠. 잉글랜드의 군주 엘리자베스 1세와 스코틀랜드의 메리 여왕은 사촌 간이었습니다. 그러나 엘리자베스는 왕좌에서 쫓겨나 잉글랜드로 도피해 15년을 지내던 메리를 반역음모죄로 처형해요. 참, 블러디 메리(Bloody Mary)라는 칵테일 이름은 신교를 탄압한 1500년대 잉글랜드의 여왕 메리 1세에게서 유래한 것으로 이분과는 관계없습니다. 그런데 엘리자베스 1세가 1603년에 후사 없이 서거하자 5촌 간인 스코틀랜드의 제임스 6세가 잉글랜드 왕권까지 물려받아 제임스 1세로 즉위합니다. 이로써 남북으로 나뉘어 있던 브리튼섬이 하나의 왕국으로 통일되었죠. 그런데 아이러니하게도 그는 엘리자베스가 죽인 메리의 아들이에요. 왕실에 태어나는 것이 행운만은 아닌 듯해요. 인생의 의미는 밖으로 드러나는 성취만큼 안에서 이루어 내는 성장도 중요한데, 주목받을 수밖에 없는 삶은 내적으로 단단해지고 안정되기가 힘드니 말입니다.

엘리자베스 2세의 시기가 평탄치는 않았습니다. 엘리자베스 1세가 기틀을 세운 대영제국은 엘리자베스 2세의 시대에 차츰 해체됐기 때문이지요. 하지만 여왕이 늘 평화를 우선시했기에 대중의 존경을 받았지요. 윈스턴 처칠의 예언이 맞았던 겁니다. 그는 '영국의 역사는 대대로 여왕의 재임 시기가 좋았다'며 젊은 여왕의 즉위를 환영했던 바 있습니다.

Famous have been the reigns of our queens. Some of the greatest periods in our history have unfolded under their sceptre.

우리 여왕들의 통치가 유명합니다. 우리 역사의 가장 위대한 시기 중 일부가 그들의 지휘봉 아래 펼쳐졌지요.

전통에 따라 관 위에 두었던 왕관(crown)과 지휘봉인 홀

(sceptre)이 내려지며 여왕의 시대가 막을 내렸습니다. 아직도 사회 계층 방언이 존재하는 영국에서 상류층의 말 RP와 최정 상인 왕실의 영어는 또 어떻게 변화할지 지켜봐야겠어요.

잉글랜드가 영국 아닌가요?

England, Britain, UK

Britain is multicultural and it will become more
multicultural, not less, and you have to think about
who is on your team. - Lenny Henry

브리튼섬은 다문화이고 더 다문화가 될 것이니 당신은 누가 당신 팀에
있는지 생각해 봐야 합니다. - 레니 헨리

손흥민 선수가 잉글랜드의 프리미어 리그 (English Premier League, EPL)에서 눈부신 활약을 펼치고 있어 자랑스럽습니다. 유럽 대부분이 그렇지만 영국에는 지역별로 축구 리그가 많기도 하지요. 잉글랜드 프리미어는 그 수많은 리그 중 하나이고요. 그런데 이 지점에서 잉글랜드는 곧 영국이 아니라 영국의 한 지역을 일컫는다는 점을 곧바로 유추해볼 수 있네요. 잉글랜드가 곧 영국은 아니란 거죠. 그렇다면 '영국'을 일컫는 말은 무엇일까요? 'UK'나 '브리튼'일까요?

브리튼(Britain)은 섬 이름입니다. 이것은 오래전 이 섬에 살았던 켈트(Celt)족에게서 온 이름이죠. 켈트는 셀트라고도 발음하는데 단일한 종족이라기보다는 켈트어 계통 언어를 사용하는 여러 종족들을 한데 일컫는 말이었다고 해요. 그들 중 하나인 브라이튼(Briton)족의 이름을 따서 '브리튼'이라는 섬 이름이 생겨났지요. 나중에 이들은 비옥한 땅을 탐내 쳐들어온 게르만족들에게 쫓겨 서부의 늪지, 북부의 고산지대, 남부의 해안가로, 또는 바다 건너 프랑스 서부 해안 지역으로 도망갔습니다. 브라이튼족의 이름이 영국의 남부 브라이튼(Brighton)과 이들이 건너간 프랑스의 서북부 브레타뉴(Bretagne)라고 부르는 지역에 남아 있습니다. 브리튼섬은 브리튼 제도에서 가장 큰 섬이라는 뜻에서 '그레이트 브리튼(Great Britain)'이라고도 부르지요.

잉글랜드(England)는 브리튼섬의 중심인 일부 지역의 이름입니다. 보통 이 섬을 런던을 중심으로 하는 남동부 잉글랜드와 서부 웨일즈, 북부 스코틀랜드의 세 지역으로 크게 나누거든요. 그중 앵글로색슨으로 대표되는 게르만 민족이 차지한 잉글랜드가 중원에 해당하죠. 가장 평평하고 비옥한 땅이기도 하고요. 나머지 두 곳은 켈트족이 도망가서 정착한 늪지와 고원지대예요. 그리고 브리튼 제도에서 두 번째로 큰 섬 아일랜드는 1922년 독립했지만 북부는 영국령입니다.

그래서 영국의 정식 국명은 '그레이트 브리튼 및 북아일랜드 연합 왕국(The United Kingdom of Great Britain and Northern Ireland)'입니다. 그리고 이 긴 이름을 줄여 'UK'라고 쓰지요. UK는 미국의 국명 'USA' 즉, '미합중국(The United States of America)'과 구조가 비슷하죠? 그런데 미국이 각 주의 독립성을 존중해 복수형(states)을 쓰는 데 비해 영국은 한 명의 군주가 다스리는 형식을 강조해 단수형(kingdom)을 쓰는 점이 달라요.

우리가 사용하는 영국이라는 국명은 근대기에 청나라에서 잉글랜드를 음차(뜻은 생각하지 않고 소리만 차용)해서 쓴 '영가리국 혹은 영길리국(永吉利國)'의 준말입니다. 당시 서양의 나라 이름을 한자로 번역했을 때 일본식과 청나라식이 달랐어요. 우리는 둘 중 하나를 가져다 썼는데, 이를테면 프랑스와 독일은 청나라식인 법국과 덕국 대신 일본식인 불란서와 독일을 쓴 거죠. 심지어 둘 다 사용하기도 해서 러시아는 청나라식 음차 로서아(혹은 노서아)를 주로 썼지만 일본식 음차인 아라사도 사용했습니다. 그런데 영국이라는 나라는 그 이름이 유래한 잉글랜드만 가리키는 것이 아니라 더 많은 영토를 지닌 나라 UK를 뜻하는 것이기 때문에 지금 우리를 살짝 헷갈리게 만들고 있는 거죠.

잉글랜드는 본래 '앵글족의 땅(Land of Angles)'이란 뜻입니다. 우리에겐 앵글로색슨(Anglo-Saxon)이라는 민족명이 더 익숙하죠? 흔히 미국에서 백인을 일컫는 말로 피부색을 뜻하는 화이트(White)의 의미로 유럽 코카서스산맥에서 유래해서 유럽인을 뜻하는 코캐이시안(Caucasian)을 쓰지만 18~19세기에는 앵글로색슨(Anglo Saxon)을 자주 쓰기도 했어요.

본래는 각기 다른 종족인 앵글족(Angles)과 색슨족(Saxons)은 지금의 독일 북부에 살던 게르만 민족들인데 이들은 4~5세기에 걸쳐 브리튼으로 이주했어요. 이들이 오기 전 이 섬의 원주민은 켈트족(Celts, '셀트'라고도 발음)이었습니다. 켈트족의 시절에 브리튼섬은 한때 로마군에 점령당한 적이 있는데 철수하자 서로 싸웠어요. 남쪽의 켈트족은 북쪽의 켈트족(주로 픽트족, Picts)을 막기 위해 게르만 용병을 불렀지만 도와 주러 왔던 게르만족들이 막상 비옥한 브리튼섬을 탐내 점차 대규모로 쳐들어오자 서쪽 늪지와 북부 산악지대, 바다 건너로 도망쳤습니다. 이들이 도망친 곳들이 바로 영국에서 잉글랜드를 제외한 지역인 웨일즈, 스코틀랜드, 아일랜드입니다.

그래서 이 세 지역 웨일즈, 스코틀랜드, 아일랜드 주민들의 언어는 앵글로색슨의 출신지에서 비롯한 독일어 계통 언어인 영어와 아주 다릅니다. 켈트어 계통의 언어는 이미 사어(死語)가 된 것들도 있고, 웰쉬(Welsh)와 게일어(Scottish Gaelic, Irish Gaelic)처럼 아직 명맥을 유지하는 것도 있습니다. 하지만 후손들은 다들 영어부터 쓰지요. 켈트족의 언어와 섞인 영어는 아주 독특해서 때로는 이게 과연 영어인가 싶을 정도로 알아듣기 힘든 경우도 있습니다.

영국인들이 처음 만나면 출신지를 묻고, 축구 리그를 따로 열고, 스코틀랜드, 웨일즈, 북아일랜드가 가끔 독립을 거론하는 것은 바로 이런 역사적 배경 때문입니다. 어떤가요? 영국의 역사를 살펴보니 지금의 정치 상황이 이해되고 머릿속에 대략적인 방언 지도도 그려지시죠?

요약해 보면 영국은 크지 않은 섬나라에 살게 된 여러 민족들을 연합한 후 근대에 해가 지지 않는 제국을 건설했고, 그들이 식민지로 개척했던 미국 역시 서로 개성이 다른 드넓은 지역들을 연합해서 현대의 강대국이 되었습니다. 이와 더불어 유럽 변방의 섬나라 말이었던 영어가 전 세계로 퍼져나간 것이지요. 영국의 역사와 더불어 영어의 역사를 잠깐 훑어 보았습니다.

어쩌면 '연합한다(unite)'라는 말에 특별한 힘이 있는 것 같습니다. 손흥민 선수도 세계 각국의 선수들과 연합해서 성공 스토리를 쓰고 있네요. 앞으로 더 멋진 소식을 보내 주기를 기대합니다.

사회적 방언에 대한 시선

Hungarian Princess

I admit I have a Hungarian temper.
Why not? I am from Hungary. We are descendants of
Genghis Khan and Attila the Hun. - Zsa Zsa Gabor

제가 헝가리인의 격정적인 성격을 갖고 있다는 것 인정합니다.
왜 아니겠어요? 저는 헝가리 출신이에요. 우리는 징기스칸과
훈족의 왕 아틸라 후예입니다. - 자 자 가보

고전으로 손꼽히는 영화 〈마이 페어 레이디 (My Fair Lady)〉는 사회적 방언의 실태를 실감 나게 보여 줍니다. 1900년대 초반이라는 같은 시기에 런던이라는 같은 장소에 살면서도 계층에 따라 말이 다른 사람들이 있고 이들은 서로 소통하기조차 어렵기 때문이지요.

오드리 헵번이 연기한 일라이자는 언어를 통해 사회적 성장을 도모하는 진취적인 여성입니다. 그녀는 길에서 꽃을 팔며 생계를 유지하는 런던의 노동 계층 출신입니다. 그래서 그들만의 사회적 방언인 '코크니(Cockney)'를 사용하지요. 그런데 극장 앞에서 우연히 만난 음성학자 히긴스 교수가 그녀의 발음이 대영제국의 언어를 모욕하고 있다며 형편없다고 지적하자 기죽지 않고 다음날 다짜고짜 그를 찾아갑니다. 그리고 말씨를 바꾸어서 숙녀가 되면 꽃집을 차려 성공하고 싶다면서 자신을 지도해 달라고 부탁합니다. 히긴스 교수는 마침 손

님으로 자기 집에 머물고 있던 피커링 대령과 그녀를 변신시킬 수 있을지를 두고 내기를 걸고 일라이자의 청을 받아들입니다.

이후 히긴스 교수는 갖가지 방법을 동원해서 일라이자에게 혹독한 발음 훈련을 시킵니다. 첫째는 코크니의 여러 특징 중에 긴장음인 [e]([eɪ][ey][ej] 등 여러 가지 음성기호로 나타내기도 합니다) 발음을 이중모음인 [ay]로, today를 '투다이'에 가깝게 발음하는 점이 널리 알려져 있는데 이를 교정하는 연습입니다. 이를테면 그는 The rain in Spain stays mainly in the plain처럼 [e]소리(한국어로 굳이 옮기면 '에이' 정도로 발음)가 많이 들어간 문장을 무한 반복하라고 시킵니다. 그래서 이것은 영화를 통틀어 가장 잘 알려진 문장이 되었어요. 뮤지컬 영화답게 이 문장이 노래로도 만들어져 질문과 답으로 변형되기도 하고 후렴구로도 쓰이면서 더 재미나게 들리고 금세 외워질 정도입니다.

두 번째는 코크니 방언의 특색인 [h]음을 잘 내지 못하는 것을 훈련하는 일이죠. 이를테면, house, hall, Henry 같은 단어를 코크니 화자들은 '아우스, 올, 엔리'처럼 발음합니다. 히긴스 교수는 일라이자가 아무리 시켜도 이 [h]음을 잘 내기는커녕 감도 잡지 못하자 특별한 주문을 합니다. 이 소리를 따로 느낄 수 있도록 가스램프의 관에 '하, 하, 하' 하고 숨을 불어넣으라고 해서 불꽃이 커지는 모습을 확인하도록 훈련시키는 거죠. 그런데 영화에서는 일라이자의 눈동자가 램프를 비추며 빙글빙글 돌아가는 거울을 따라 불꽃을 보며 함께 팽팽 도는 통에 들고 있던 종이에 불이 붙어 하마터면 큰 사태가 날 뻔한 코믹한 장면으로 남았어요.

세 번째로는 코크니 특유의 억양을 교정하는 방법으로, 히긴스 교수가 직접 실로폰을 치며 높낮이가 무척이나 다르게 느껴져 마치 노래처럼 들리는 How nice of you to let me come! 같은 문장을 무작정 따라 하게 합니다.

우여곡절 끝에 히긴스의 맹훈련은 대성공을 거둡니다. 일라이자는 왕실 무도회에 나가 완벽한 상류층 언어를 구사해 정중한 대접을 받지요. 귀족들은 그녀의 정체를 무척 궁금해하다가 필시 '헝가리의 공주'일 거라고 결론 짓습니다. 저는 이 대목이 가장 흥미로웠어요. 왜 하필 헝가리 공주라고 짐작한 걸까요?

헝가리에는 여러 언어를 쉽게 배우는 언어 천재들이 많기 때문입니다. 헝가리인의 대다수는 마자르족인데 이들은 머리색이 검고 동양인에 가까운 외모이며 우랄어 계통인 헝가리어를 사용합니다. 유럽의 언어는 대부분 인도유럽어족에 속하지만 헝가리어는 먼 동양에 뿌리를 두고 있는 색다른 언어죠. 심지어 마자르족이 부여나 고조선 혹은 말갈의 후손이라는 설도 있습니다. 이들의 매콤한 국물 요리인 굴라쉬를 맛보고 나면 이 말이 아주 설득력 있게 들립니다.

그런데 동유럽은 일찍이 동서양의 이질적인 문명이 교차했던 지역이라 그런지 헝가리뿐 아니라 주변 여러 국가 사람들 대부분이 외국어를 쉽게 배우는 것 같습니다. 서양은 물론 동양의 언어도 포함해서 말이지요. 동유럽인 교수들은 전 세계 어디서 학회가 열리든 2주 전쯤에 현지 언어를 미리 익힌다며 공부를 시작한다고 하더군요. 큰 용기를 내서가 아니라 교양인으로서 당연한 일이라고 여기면서 말이지요. 정말 대단하죠?

2022년 러시아의 침략 전쟁 이후 미디어에 등장하는 우크라이나인들을 관찰해 보면 동유럽 출신답게 외국어 구사력이 뛰어납니다. 한국어를 유창하게 구사하는 이들도 꽤 있고요. 이들은 슬라브족이고 언어는 인도유럽어족에 속하지만 아마 헝가리와 같은 동유럽 국가라는 지정학적인 이유로 인해 적극적으로 이민족들과 소통해 온 조상들의 언어 유전자가 남아 있나 봅니다.

옛날에는 전쟁을 통해 동서양 문명의 교류가 이루어졌다고 하죠. 역사가들은 이를 전쟁의 기능으로 보기도 했습니다. 하지만 21세기에 침략 전쟁이 벌어졌다는 게 도무지 믿기지 않습니다. 발전된 인류의 문화를 바탕으로 국가 간에 평화적인 교류가 이루어져야 하지 않을까요? 하루속히 평화가 정착하기를, 전 세계인들이 자유롭게 소통이 가능한 날이 오기를 진심으로 바랍니다.

지역적인 차이 말고도 사회 계층적 차이가 언어의 차이를 만들어 냅니다. 영국은 오랜 역사만큼이나 사회적 방언의 차이도 크지요. 하지만 점차 세계는 연결되고 계층의 차이는 줄고 있습니다. 언어에 반영되는 것이 조금 느리기는 하지만요. 영어의 여러 가지 모습에 흥미를 가지면 영어 익히는 일이 더 재미있어집니다. 적어도 당황하지 않으실 거예요.

전 세계의 다양한 영어

Beyond Prejudice

I hate prejudice, discrimination, and snobbishness of any kind - it always reflects on the person judging and not the person being judged. Everyone should be treated equally. - Gordon Brown

저는 편견, 차별, 모든 종류의 거만함을 혐오합니다. 이것들은 항상 판단받는 사람이 아니라 판단하는 사람이 누군지를 보여 줍니다. 모든 사람은 동등하게 대접받아야 합니다. - 고든 브라운

만화영화 〈라이언 킹〉을 보셨는지요? 여기서 주인공 무파사(Mufasa)와 심바(Simba)는 미국 표준영어를 쓰지만 악당 스카(Scar)는 영국식 영어, 하이에나 떼는 미국 히스패닉계의 영어를 사용한다는 것을 눈치 채셨는지요? 목소리를 연기한 배우의 출생지와도 별 상관이 없어요. 하지만 이는 미국의 백인들이 주로 쓰는 표준어(American Standard English, 혹은 General American English)와 다르면 나쁜 것이라는 생각을 조장한다는 혐의를 피할 수 없죠.

현대 영어는 그 국제적 위상만큼이나 다양한 모습을 갖고 있습니다. 어떤 종류가 있는지 잠깐 살펴볼까요? 무엇보다도 지역 차가 큽니다. 우리에겐 미국식 영어가 익숙하기 때문에 영국식 영어는 잘 들리지 않기도 해요. 어떤 분은 영국인들이 스케줄(schedule)을 '셰줄', dollar를 '달러'가 아닌 '돌라', 핫(hot)을 '홋'으로 발음하는 통에 혼란스러웠다고 하시더군요.

영국에는 오래된 역사 속에 만들어진 지역과 민족, 그리고 사회적 계층에 따른 다양한 방언이 존재하죠. 그럼 영국을 떠난 식민지의 영어는 어떨까요?

영국의 대표적인 정착 식민지인 호주의 영어는 런던의 노동 계층 방언으로 알려진 코크니(Cockney)와 유사한데, 실제로 18세기 말 죄수들을 호주로 추방시킨 일과 관련이 있습니다. 에이([e] 혹은 [eɪ])발음을 아이([ay])로 하는 것은 코크니의 특징이죠.

제 친구는 호주 TV에서 비 오는 장면에 '세븐 다이즈'라 해서 '홍수로 일곱 명이 죽었나?' 했는데, 7일간(seven days) 비가 내린다는 예보였다고 해요. 하긴, 뉴욕을 관광하던 호주인에게 언제 미국에 왔냐고 물었더니 '투다이(today)'라고 답해서 죽으려고(to die) 왔다는 줄 알았다는 농담도 있습니다. 또 다른 정착 식민지인 뉴질랜드의 영어도 펜(pen)을 핀(pin)처럼 발음하는 등 의외로 낯선 발음들이 많아요. 호주와 뉴질랜드는 자신들의 표준어를 따로 제정하고 사전도 따로 만들지만 영국, 미국, 호주, 뉴질랜드의 표준 영어들은 그 거리와 서로 멀어진 시간을 고려해 볼 때 동질성이 높은 편이라고 여겨집니다.

한편 수탈 식민지에 해당하는 싱가포르, 말레이시아, 홍콩,

인도, 필리핀 등 원주민들이 대다수이면서 영미의 식민 지배를 받은 나라에서는 본래 현지에서 사용하는 언어인 중국어, 힌디어, 타갈로그어 등과 섞여 독특한 영어가 나타납니다.

예컨대 시간을 물을 때 싱가포르에서는 "Now what time?" 하며 중국어의 어순을 따른다거나, 홍콩에서는 OK-la, OK-lo, OK-geh, OK-gwa, OK-meh, OK-ma 하는 식으로 영어와 중국어 어미의 결합처럼 사용하거나, 인도에서는 특유의 혀끝을 뒤로 살짝 휜 상태로 영어 발음을 해서 알아듣기가 꽤나 힘들죠. 본래 그들이 사용하던 언어가 섞여 나타나기 때문에 그렇습니다.

인종이나 민족에 따른 차이는 같은 지역에서 살아가는 경우에도 지속적으로 나타납니다. 대표적인 예로 미국의 아프리카계 흑인들과 남미 출신들인 히스패닉계의 영어가 있습니다. 영국에도 자메이카 등 서인도제도 각지에서 이민 와서 크리올(Creole) 계통 언어를 사용하는 흑인들과 식민지 시절 인도에서 이주해 온 사람들의 영어가 있고요.

미국의 아프리카계 사람들의 영어가 특이한데요, 이들은 노예로 미국에 오게 된 것이라서 그들의 슬픈 역사가 언어에 담겨 있어요. 기존의 언어를 단순화한 언어 형태를 크리올이라고 하는데 그들의 언어는 영어를 제대로 배울 수 없었던 환경에서 만들어진 단순화된 영어와 미국 남부의 방언이 합쳐진 형태로 나타납니다.

이를테면 축약이 가능한 경우라면 be 동사를 아예 생략해버리는 것이죠. 즉 'She is a nurse'라는 문장을 흑인영어에서는 'She a nurse'라고 합니다. 비문법적인 오류로 보이지만 나름의 특성과 규칙성을 지니고 있습니다.

본래 미국 본토에 살던 히스패닉은 아메리칸 인디언처럼 원주민에 가까웠습니다. 미국이 영국으로부터 독립한 후 캘리포니아, 루이지애나, 플로리다를 합병할 당시, 이 지역에는 이미 그들을 지배했던 스페인 사람들의 언어를 사용하는 중남미 사람들이 살고 있었기 때문이지요. 라티노(Latino)라고 불리던 사람들의 커뮤니티는 이후 훨씬 더 많은 중남미 사람들이 미국으로 대거 이주하면서 빠르게 성장했지요. 2020년 인구조사에 따르면, 이들이 미국 전체 인구의 21.1%에 달해 12.1%인 아프리카계 인구를 넘어섰습니다. 이제 이들은 정치와 소비에서 큰 세력으로 자리매김하고 있는 민족 집단입니다.

히스패닉 영어는 모음의 수가 적은 스페인어 발음의 특징이 반영되고 s로 음절을 시작하지 않는 스페인어의 음절 구조 때문에 school을 eschool처럼 발음하는 식의 특징이 있습니다. 게다가 barely를 just 대신에 사용하는 등 특정 단어들을 사용합니다. 문장 구조 전반에 스페인어의 영향이 있으며, 단어는 물론 구절과 문장에 스페인어와 영어를 뒤섞어 말하는 코드 전환(code switching)이 잦다는 특징도 있지요.

미국에는 이들 외에도 유럽에서 이주해 온 후 자신들의 문화를 고집하는 여러 민족 집단의 방언도 있습니다. 애팔래치아산맥의 스코틀랜드계와 아일랜드계 이주민의 영어, 동부에 사는 유태인이나 이탈리아인의 영어, 마서즈 비녀드(Martha's Vineyard) 같은 섬에 사는 인디언의 후예나 포르투갈계 이민자들의 영어와 같은 민족 방언입니다.

예를 들어 뉴욕이나 시카고의 유태인들, 뉴욕이나 보스턴의 이탈리아인들은 모여 살면서 독특한 발음과 특징적인 단어를 사용하거든요. 때로는 bagel(유대인들의 빵)이나 schmuck('멍청이')처럼 이들의 말이 널리 퍼지기도 합니다.

다양한 영어를 접할 때 우리가 할 일은 이들과 결합한 편견에 주의하는 것입니다. 암암리에 우리도 이런 편견을 내면화했을 수 있거든요.

저는 어느 학회에서 미국 아프리카계 흑인들의 영어에 대한 특강을 하며 간단한 실험을 해 본 적이 있어요. 학생들에게 아프리카계 영어의 문법적인 특이성은 없고 발음과 억양에서 약간의 음성적 특징이 섞인 문장을 들려준 다음 말한 사람의 학력을 짐작해 보라는 질문이었죠. 그 화자는 대학원까지 졸업한 인텔리였지만, 학생들은 대부분이 중졸 이하라고 짐작했어요. 예상은 했지만 우리에게도 흑인영어에 대해 편견이 존재한다는 것을 알 수 있었습니다.

모든 언어는 그 자체로 체계가 있고 유용하며, 언어 간에는 본질적으로 우열이 없다고 봅니다. 대부분의 나라에서 표준어를 정해 권위를 주는 것은 정치적인 편의성이나 교육과 출판의 편리함을 위해서입니다. 매우 인위적인 행위죠. 국가의 범위를 넘어 전 세계로 퍼져나간 영어는 앞으로도 다양한 모습으로 국제화와 국지화가 동시에 일어나는 글로컬라이즈(glocalization)를 지속할 겁니다. 그러니 우리는 이제 다양한 영어의 모습을 이해하고 받아들여야 합니다. 더 나아가 한국인 특유의 영어에 자신감을 가져도 됩니다.

다양한 영어의 존재 의미를 이해하고 편견에서 자유로울 때 우리는 소통에 집중할 수 있어요. 언어에 대한 평가는 무엇이 됐든 그것을 사용하는 사람에 대한 평가이지 언어 자체에 대한 평가는 아니라는 점을 잊지 말아야겠어요.

넓은 세상의
영어 이야기

언어에서 가장 중요한 것은 완벽함이 아니라
원활한 소통 능력과 적극성입니다.
어른의 영어는 특히 그렇습니다.
일상의 취미에서 시작해 여행과 비즈니스 등
영어를 통해 더 넓고 깊어진 세상과
만날 수 있게 됩니다.

비즈니스 스몰 토크

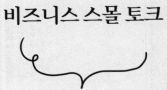

더 가까이

Ideas pull the trigger, but instinct loads the gun. - Don Marquis

사상이 방아쇠를 당기지만, 본능이 총알을 장전한다. – 돈 마르퀴스 영어 잘하는 정치인이나 기업의 대표들을 TV 뉴스로 보게 될 때가 간혹 있습니다. 얼마 전까지는 공식적인 자리에서의 영어는 아무리 외국어를 잘하더라도 통역을 통해야 당당하다고 여겼는데, 요즘에는 국제적인 공식 행사 등에서 보여지는 편하고 격의 없는 영어가 친밀한 관계를 만드는 데 더 중요하다고 생각됩니다. 어쩌면 가벼운 주제로 시작해 중요한 대화로 이어가는 비즈니스 스몰 토크(small talk) 능력이 중요해졌다는 의미로 볼 수 있어요.

비즈니스 스몰 토크라고 별다른 것은 아닙니다. 오랜만에 만났으면 "How have you been?(잘 지내셨어요?)"이라는 인사, 비행기로 먼 길을 왔다면 "How was your flight?(비행기 여행은 어떠셨어요)"이라고 물으면 좋죠. 평소엔 "How nice to see you!(만나서 얼마나 반가운지요)," "Great weather today, isn't it?(오늘 날씨가 참 좋네요. 그렇죠?)" 같은 얘기가 대화의 물꼬를 틉니다. 상대를 배려하는 말이라면 무엇이든 먼저 적극적으로 한마디라도 건네는 것이 어색한 침묵보다 친근감을 주기 마련이죠.

　사실 우리나라에서 공직자에게 영어 능력을 요구한 지는 꽤 오래됐습니다. 공무원 시험에 영어가 포함된 것은 물론이고 법조인이 되는데도 공인 영어 필기시험 점수가 필요하기 때문이지요.

　이에 대해 두 차례 위헌 소송이 있었을 정도로 영어는 사법시험과 로스쿨 입시에 뜨거운 감자였어요. 헌법재판소에서는 영어의 필요성을 인정해 이를 기각했습니다. 과거엔 법관들이 실제로 영어를 사용할 일이 별로 없어 반발이 있었지만, 최근 우리나라의 위상이 향상되고 국제적인 교류가 늘며 영어의 필요성도 높아졌다고 인식되는 것 같아요.

　그럼에도 불구하고 우리 공직자들의 영어에 대한 논란이 멈추지 않고 지속되는 이유는 뭘까요? 제가 보기에는 국민 대다수가 필요한 만큼 영어를 효과적으로 배우지 못하기 때문입니다. 시험 위주로 공부하기 때문에 실제 사용이 어렵다는 것이 가장 큰 문제입니다. 공직자들에게 비즈니스 스몰 토크 같은 영어 회화 실력을 기대하기 어려운 이유입니다. 요즘 젊은이들은 발음도 좋아지고 실력이 나아지긴 했지만, 발표나 글쓰기에 여전히 자신 없어 하지요. 그렇다고 영어 교육을 하루아침에 바꾸기도, 성인에게 전면적인 영어 재교육을 실시하기도 어려운 현실입니다. 하지만 국제관계에 있어 원활한 소통을 하는 데에 영어는 필수적입니다. 근대에 영국이 세계 곳곳에 식민지를 건설하고 그중 하나였던 미국이 현대에 초강대국이 되면서 영어가 세계적으로 통용되는 공용어의 위치에 올랐기 때문이지요.

이제 영어를 웬만큼 하는 것은 국제적으로 살아가기 위한 기본적인 능력입니다. 핍박받는 지구촌의 사람들도 영어를 알고 자기 상황을 표현할 수 있으면 힘을 얻는다고 해서 'English Empowerment(영어를 통해 힘 부여하기)'와 'English for Resilience(재기를 위한 영어)'라는 용어도 생겨났습니다.

테드 토크(TED Talk)에서 탈북 여성 김현서 씨가 깔끔한 영어로 북한의 실상을 전한 것은 전 세계 사람들에게 큰 울림을 주었습니다. 무료 외국어 학습을 돕는 앱 듀오링고(Duolingo)의 설립자인 루이스 폰 안(Luis von Ahn)과 세브린 핵커(Severin Hacker)도 언어는 모든 사람들에게 똑같이 큰 기회를 준다며 자신들도 그러려고 한다는 설립 취지를 밝힌 바 있습니다. 그들은 듀오링고의 목표가 세상에서 가장 좋은 교육을 개발해서 그것을 모두에게 가능하게 하는 것(to develop the best education in the world and make it universally available)이라고 합니다. 이 앱은 전 세계에서 가장 많이 다운로드된 앱으로 인정받았죠. 우리 국민들도 누구나 어떤 목적을 위해 '다시' 영어를 배워야 한다면 편하게 그럴 수 있는 환경을 갖춰 주어야 합니다.

어렵지 않게 영어를 대하는 법, 가볍고 자연스러운 스몰 토크에서 시작해 타협하고 설득하는 영어 능력을 지니는 것은 개인의 성장을 돕는 데 매우 중요한 역할을 합니다. 아카데미 시상식에서 자신만의 이야기를 곁들인 수상 소감으로 주목받은 배우 윤여정 씨를 떠올려 보세요. 이외에도 다양한 미디어 채널을 통해 K-컬처를 대표하는 이들이 전 세계 가장 뜨거운 현장에서 영어를 자연스럽게 구사하는 장면들은 매우 인상적입니다.

공직자나 사업가, 유명한 이들만의 일은 아닙니다. 이제 한국인들은 영어로 화상 회의를 하고, 영어로 사업 설명을 하며, 영어권 나라에 출장을 가야 할 수도, 해외에 파견되어 한동안 살아야 할 수도 있습니다.

온 국민의 언어를 귀중한 자원으로 여기고 국익 차원에서 개발하고 관리하는 포괄적인 언어 정책이 중요합니다. 누구나 원하는 언어를 필요로 하는 만큼 제대로 배울 수 있는 환경

이 필요한 때입니다. 언어는 한 개인의 능력이지만 이 능력들
이 모여서 국가의 자산이 되기 때문이지요.

영어의 수능해방일지

영어의 쓸모

Experience is a hard teacher because she gives the test first, the lesson afterward. - Vernon Law

경험은 먼저 시험을 치루고 가르침을 나중에 주기 때문에
더 어려운 선생님입니다. - 버논 로

전 국민 영어 울렁증의 기원은 어디일까요? 대학 입시의 부정적 영향이 영어 과목에서 가장 심하다면 믿으시겠어요? 최근 이 문제가 더 커졌다는 생각이 들어 한번 짚어 볼까 합니다. 입시 위주의 영어 교육은 어린 시절의 언어 천재들을 '영포자' 즉, 영어를 포기한 사람으로 만드는 것 같거든요.

2018년부터 실시된 영어 절대평가는 일정 수준을 요구하는 것이 아니라 받은 점수만으로 등급을 크게 나누기 때문에 학생들의 실력이 더 저하되는 결과를 가져온 것 같습니다. 수험생들이 외국의 석학들도 못 풀겠다고 고개를 내젓고 제가 언뜻 보기에도 어려운 문제를 척척 푸는 것이 의아했는데, 그 이유는 내용을 이해해서가 아니라 EBS의 지문이 그대로 나오기 때문에 암기해서 풀기 때문이라고 합니다.

어느 학원 원장님이 제게 들려준 이야기입니다. 영어 시험에 100점 받은 학생이 "I collected everything!"이라고 선생님께 말을 한 거예요. "I got a perfect score!" 혹은 "My answers were all correct!"라고 말하고 싶었던 거겠죠? 하지만 '저 다 모았어요!'라고 말해 버린 거였어요. 'collect'는 '모으다'라는 뜻이니까요. 그럼 이 문장에 'correct'를 써서 "I corrected everything!"이라고 했다면 다를까요? 이때는 'correct'가 형용사로 '옳은'이 아닌 동사인 '고치다'라는 의미로 쓰인 것이므로 '저 다 고쳤어요!'라는 의미가 됩니다. 이것역시 이상하죠. 단어를 명확히 구분해 제대로 말하지 못하는데 시험에서 만점을 받는 게 무슨 소용이 있을까요?

이렇게 수능을 거쳐 대학에 온 학생들의 상당수가 말하기와 글쓰기는 물론 꽤 쉬운 독해조차 힘들어합니다. 다만 요즘 젊은이들이 발음은 좀 유창하기 때문에 기성세대는 이런 상황을 잘 모르는 것 같아요. 수능이 쉬워지면서 중고등학교 학생들의 사교육이 줄어든 대신 유아 영어가 비대해지고 어학연수는 필수 코스가 됐다고 합니다. 유아기에 영어를 접하면 발음이 좋아지는 것은 사실입니다. 하지만 정작 중고교 시절이라는 가장 중요한 시기를 제대로 된 공부보다 기출문제 암기와 객관식 문항의 정답 찾는 법 훈련으로 헛된 시간을 보내는 것은 훨씬 더 심각한 문제입니다. 이 때문에 학생들이 영어가 '공부'하는 것이고 '평가'받아야 한다는 경직된 태도를 갖게 되니까요.

대부분의 한국인들은 이런 입시를 치루고 나면 영어가 싫어지고 두려움이 커집니다. 아주 간단한 의사소통도 난관에 봉착하는 경우가 있는데, 심지어 단어의 강세가 어디인지 헷갈리는 통에 의사소통이 안 됐던 경우가 많더라고요.

변호사 한 분은 zombie(좀비) 이야기를 한참 해도 상대방이 못 알아들어서 '그런 게 미국엔 없나 보다' 생각했는데, 이야기를 종합한 미국인이 "Ah, zombie!(앞 음절에 스트레스를 강하게 해서 발음이 거의 '잠비'로 났대요)라고 해서 깜짝 놀랐다고 해요. 어느 의사 선생님은 정말 이해 불가능한 상황이어서 말한 bizarre('비자'라고 발음함)를 듣고 상대방이 어디 가냐고 반문해서(visa로 잘못 들은 거죠) 'bizarre'라는 단어에는 강세가 뒤 음절에 있고 앞의 'i'는 거의 소리가 안 날 지경으로 약화된다는 걸('브**자**르' 정도로 발음되죠) 처음으로 알게 되셨다고 해요. 그밖에도 Toronto('토론토'가 아니라 '트**라**노'처럼 발음이 돼요) 가는 비행기를 놓칠 뻔했다거나, Hotel Mirage를 찾지 못한 이유('미라지'가 아니라 '머**라**쥐' 정도로 발음됐대요)도 강세를 못 알아 들어서였어요. 게다가 우리가 흔히 쓰는 단어 event, sandwich 등도 강세를 조금만 다르게 하면 이해가 어렵다는 걸 많은 분들이 실제로 의사소통을 해 보고서야 깨닫게 됩니다. 이런 분들이 학창 시절에 구어체 영어에 조금만 관심이 있었어도 이런 불상사는 겪지 않았을 텐데 말이죠.

저 역시 영어 시험에 가장 뛰어난 학생이 아니었고 학창 시절에 영어보다는 국어가 더 좋았던 비밀 아닌 비밀이 있습니다. 그래서 한국인이 외국에 나가거나 외국인을 만나서 처음에는 하고픈 말을 하기가 영 어렵고 쑥스럽다는 것을 누구보다도 잘 압니다. 그래도 조금 틀려서 창피를 당하느니 아예 입을 다물겠다고 결심하는 것은 최악입니다. 남들 앞에서 영어를 하려면 발음 좋고, 어휘 풍부하고, 문법도 결코 틀려선 안된다는 강박관념은 이제 버려야 합니다. 바로 이 점에서 입시가 한국인의 영어를 망친다는 말이 맞을 것 같아요.

그럼 어떻게 해야 좋을까요? 발음이나 문법이 완벽하지 않아도 교양 있는 세계인이라면 누구나 자연스럽게 영어를 사용하는 국제화의 시대잖아요? 대안 제시는 늘 어려운 일이지만 적어도 원칙은 말할 수 있습니다. 이제는 정말 '시험'을 잘보기 위해서가 아니라 '소통'을 잘하기 위해 영어를 배워야 한다는 겁니다. 우리에게 영어는 맞고 틀리고의 문제가 아닌 소통의 수단으로 더 중요하니까요. 필요에 따라 자유롭게 영어로 내 생각을 표현할 수 있으면 되는 겁니다. 언어에서 가장 중요한 것은 완벽함이 아니라 원활한 소통 능력과 적극성이기 때문이지요. 나의 자유의지로 선택하고 노력하는 일은 대체로 성공하는 법이고요.

영어를 향한 마음

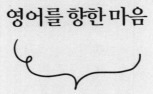

꺾이지 마세요

Your success and happiness lies in you. Resolve to keep happy, and your joy and you shall form an invincible host against difficulties. - Helen Keller

당신의 성공과 행복은 당신 안에 있어요. 행복하려고 결심하세요.
그러면 당신의 기쁨과 당신 자신이 어려움에 대항하는
천하무적의 존재가 될 겁니다. - 헬렌 켈러

첫 번째 책을 내고 나서 몇몇 독자분들이 '영어를 잘하고 싶지만 외국인과 일하는 것도 아니고 해외에도 거의 가지도 않으니 생각처럼 잘 늘지 않는다'고 영어에 대한 고민을 이야기해 주시더라고요. 아마 일상에서 영어를 자주 사용하지 않는 분들이라면 누구나 비슷한 고민을 갖고 계실 것 같아요.

외국어 교육을 연구하는 학자들은 언어 학습에는 동기가 가장 중요하다고 말해요. 대부분의 한국인들은 "제가 외국인과 일하는 것도 아니고 해외에서 사업을 하거나 여행을 그리 자주 가지도 않는데, 군이 영어가 필요하긴 한 걸까요?"라고 묻곤 합니다. 저는 이 질문에 저는 무조건 "네!"라고 답합니다. 영어를 잘하면 좋은 이유가 분명 있기 때문이지요.

첫째, 어떤 분야든 최신 핵심 정보는 영어로 유통되므로 전문 분야의 자료를 얻고 나누는 데 매우 요긴합니다. 영어를 알면 화제가 되는 수많은 이슈에 대해 자신의 시각을 넓힐 수 있어요. 예를 들어 'A라는 물질이 불면증에 좋대'라는 새로운 정보를 접했다고 해요. 한국어만 가능하다면 홍보용 글을 볼 가능성이 크지만, 영어로 검색한다면 훨씬 많은 전문적인 자료를 볼 수 있어요. 중고교 시절에 점수 잘 받으려고 배울 때와 달리 자신에게 필요한 영어로 된 정보를 찾아 알아 가는 재미가 쏠쏠합니다.

둘째, 점차 세계가 좁아져서 직접 가지 않더라도 비대면으로 해외에 있는 사람들과 연결될 기회가 늘었습니다. 화상 회의에 참석하거나 강의를 하거나 혹은 수강하게 될 경우에 국제적인 모임이라면 대부분 영어로 하게 됩니다. 유창하진 않아도 소통에 어려움을 겪에 되면 당황스럽지요. 그래서인지 이런 일을 계기로 다시 영어 공부를 시작했다는 분들이 의외로 많더라고요. 저 역시 인터넷으로 외국 학생들과 더 자주 만나고 있습니다.

셋째, 우리가 즐기는 많은 매체의 원본이 영어입니다. 넷플릭스 드라마, 영화, 유튜브가 대표적인데, 원어로 들으면 작품의 참맛을 느낄 수 있고 이면의 비유와 상징도 더 깊이 이해할 수 있지요. 이런 즐거움도 제법 크답니다.

넷째, 영어를 잘하면 세상과 함께 호흡한다는 자신감을 갖게 됩니다. 나이가 들었어도 영어를 매개로 자녀나 손주 세대와 더 잘 소통하게 되고 해외 직구나 해외 여행을 할 때도 영어에 대한 자신감을 갖게 되면 마음이 가볍죠. 외국인 친구를 사귀는 즐거움도 생기고 다른 문화에 대해 배우는 기쁨도 매우 크고요.

영어를 다시 시작하길 잘했다는 분들이 주변에 많습니다. 제 지인이 겪은 일을 소개할게요. 그는 최근 외국인 직원이 생기고 해외에서 대학을 나온 신입사원들도 많아져서 하는 수 없이 영어를 다시 손에 잡았거든요. 그러던 어느 날 외국인 직원이 어처구니없는 실수를 저지르고 자기 책임이 아니라고 구구절절 변명을 하길래 이렇게 말해줬대요. "I don't think so. That's why you are there!(난 그렇게 생각 안 해요. 그래서 -그런 일 하라고- 당신이 그 자리에 있는 겁니다!)" 살짝 된장 발음이긴 했지만 사이다 발언을 하고 났더니 아주 기분이 좋았다고 합니다. 맞아요. 하고픈 말, 필요한 말은 영어로도 하고 살아야지요.
저는 영어를 다시 시작하려는 분들이 편히 배울 수 있도록 사회적 환경이 조성되야 한다고 생각합니다. 어린 시절에 잘 배우지 못했더라도 마음 편히 다시 도전할 수 있어야죠. 최신 연구 성과를 적용해 성인을 위한 효율적인 과정이 개발되도록 국가의 지원이 있다면 좋을 텐데요. 외국어 능력은 개인의 것이지만 모이면 국가의 경쟁력이 되니 말입니다.

여행이든 사업이든 혹은 사교든 뭔가 영어를 다시 손에 잡을 이유가 생긴 어른들은 연륜이 생겨 세상을 이해하는 통찰력도 쌓였기 때문에 영어 배우기에 어린 학생들보다 더 유리한 면이 있습니다. 그러니 용기를 내세요.

우리에게는 영어를 향한 꺾이지 않는 마음(invincible spirit)이 먼저 필요합니다. 외국어를 배운다는 것은 끊임없는 재교육의 과정이기 때문이지요. 그러므로 용기를 더 내야 해요. 무엇이든 자유의지로 선택한 후에 필요한 것은 대담함과 꾸준함입니다. 영어는 이제 시험을 위해 배우는 것이 아니라 소통을 위해 곧장 사용하기 위해 배우는 것이니까요.

이런 대담하고 꾸준한 마음을 갖추기 위한 비법을 하나 말씀드리면 '조금 어설프게 말해도 괜찮다, 내가 하는 말은 다 쓸모 있다'라고 생각하는 겁니다. 수학이나 의학 지식과 달리 언어 지식은 조금 틀려도 큰 문제가 나지 않아 괜찮습니다. 나중에 보충하거나 소통하며 오류를 바로잡을 수 있으니까요.

다시 손에 잡은 영어, 금세 잘하게 되실 겁니다. 멋지게 영어를 구사하면서 자신 있게 세계인으로 살아가시기 바랍니다.

어른의 영어

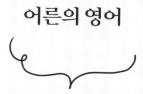

진심으로 응원합니다

If you talk to a man in a language he understands,
that goes to his head. If you talk to him in his language,
that goes to his heart. - Nelson Mandela

상대가 이해하는 언어로 말하면 그의 머리로 가지만 그가 사용하는 언어로
말한다면 그건 마음으로 갑니다. - 넬슨 만델라

시험에 시달린 나머지 "내 영어는 수능까지만!" 하고 외쳤던 사람이라도 영어를 즐겁게 다시 시작할 수 있습니다. 학습 방식을 습득 방식으로 바꾸는 것이 비결이지요.

　이런 점을 혹시 생각해 보셨어요? 수학, 과학, 음악, 미술은 잘하는 사람과 함께 지낸다고 나도 잘하게 되진 않지요? 하지만 언어는 세상 모든 어린이들이 그것을 사용하는 사람과 어울리기만 해도 저절로 잘하게 됩니다. 그래서 언어는 '학습'하는(study, learn) 것이 아니라 '습득'된다(acquire)고 하지요.

　물론 어른이 외국어를 그렇게 익히기란 쉽지 않습니다. 무엇보다도 그 언어를 평소에 사용하지도 않기 때문이에요. 글자를 이미 알기 때문에 소리에만 집중하며 자연스럽게 익혀지지는 않아요. 게다가 우리는 학창 시절에 영어를 사용하기 위해서가 아니라 시험을 보기 위해 '공부', 즉 학습만 했기에 더 어렵게 느껴지는 것입니다.

이러한 학습은 효과가 있긴 하지만 부작용이 많습니다. 무엇보다도 영어가 싫어지는 게 문제예요. 입시와 취업의 잣대로 작용하다 보니 청소년들에게 스트레스로 다가올 수밖에 없어요. 그렇지만 어느 단계에서든, 특히 의무감을 벗어난 성인이라면 습득과 학습의 균형을 찾아 다시 재미를 붙일 수 있습니다. 그렇다면 학습에 지쳐 이미 영어가 싫어진 분은 어떻게 하면 좋을까요?

먼저 내게 영어가 왜 필요한지, 그것이 어떤 영어인지 생각해 보세요. 무슨 일에서든 동기가 중요하고 필요한 만큼 잘하게 되는 법이니까요. 내가 원하는 영어가 불편 없이 여행을 떠날 수 있을 정도의 듣기와 말하기인지, 전공 서적을 술술 읽어야 하는 것인지, 또는 강의를 수강하며 과제 작성과 학회에서 발표를 할 정도의 작문과 토론 실력이 필요한지, 사업을 진척시키기 위해 유창한 프레젠테이션을 하고 난해한 협상을 할 실력이 필요한지 먼저 판단해야 합니다.

제가 아는 의사 선생님은 자신이 개발한 프로그램을 해외에 수출하고 싶어서 영어를 다시 시작하셨고, 또 다른 지인은 한국어를 잘하지 못하는 미국 사는 손주들과 소통하고 싶어서 영어를 다시 배운다고 하시더군요. 아주 구체적인 목표입니다.

 구어체 영어 습득이 목표인 분이라면 듣기와 말하기가 70% 이상 들리는 영화나 드라마를 골라 잘 들릴 때까지 반복해 듣고, 연이어 따라 하는 섀도잉(shadowing)을 해 보세요. 이때 아이처럼 간단한 문장부터 발음은 물론 억양까지 똑같이 흉내 내야 합니다. 처음엔 좀 어색해도 금세 재미있어집니다. 물론 누군가를 만나 실제 영어로 대화를 나눌 수 있으면 제일 좋지요.

 수준 높은 독해력이 필요하다면 실제 기사와 책을 읽으며 이해력을 쌓아 보세요. 좋은 표현을 만나면 따로 적어 보는 것도 좋아요. 글쓰기를 잘해야 한다면 유용한 글을 택해 한 문장씩 두세 번 소리 내어 읽어 본 후 이를 다시 보지 않고 옮겨 쓰는 '스스로 하는 받아쓰기'가 꽤 도움이 됩니다. 한 페이지쯤 쓴 후 원문과 맞춰보면 내 약점을 파악할 수 있어서 실력이 늘지요. 이를테면 단수와 복수 구분에 민감하고 주어와 목적어를 생략하지 않는 등 한국어와 다른 영어의 특징이 파악되죠. 아울러 한국인이 어려워하는 관사와 전치사, 완료시제 등 작은 차이에도 주의를 기울이게 됩니다.

 긴 글의 기초가 되는 '문단 쓰기(paragraph writing)'도 연습하세요. 문단은 주제문(topic sentence), 근거(evidence), 결론

(conclusion)을 꽉 짜인 틀처럼 쓰는 엄격한 구조인데, 긴 글쓰기에서 벽돌이 되는 기본적인 형식이니 미리 훈련해 두면 좋아요(문단 쓰기에 관해서는 〈영어 말하기와 글쓰기의 기초〉를 참고하세요).

한 가지 더 팁을 드리면 문장에서 가장 중요한 요소는 동사라는 점을 기억하는 것입니다. 주어나 목적어가 될 수 있는 명사는 대상에 대한 정보를 줄 뿐이지만, 술어의 중심인 동사는 전체 상황의 골격을 결정하고 알려 주기 때문이죠. 이는 역으로 문장을 제대로 만들려면 동사의 의미를 확실히 알고 그 의미를 완성하는 데 필요한 요소들을 자유자재로 사용할 줄 알아야 한다는 의미예요.

동사가 자신의 의미를 실현하기 위해 필요한 요소들을 선택해 문장이 완성되는 것이라고 상상해 보세요. 목적어나 다른 요소들은 물론 주어도 그 동사의 의미를 실현할 수 있는 것이 선택된다고 말이죠.

이를테면 'find' 동사는 뭔가를 찾는다는 뜻이니 목적어가 필요하고 그럴 능력이 있는 생물이 주어가 돼야 합니다. 그래서 'I found'는 비문법적이고 'I found the ball'은 문법적이라고 여기게 되는 것이죠. 'The desk found the ball'은 책상이 뭔가를 찾을 수 없는데 주어이기 때문에 의미적으로 이상한 것이고요.

동사를 어떻게 사용하는지에 집중하면 영어 실력 키우는 데 효과적입니다. 학생들은 중고교 시절 문법이 '노잼'이었지만 언어학을 알고 나니 싫었던 문법도 '꿀잼'이 됐다고 말해 줬는데요, 그 중심에 동사에 대한 이해가 있습니다. 무슨 일이든 잘하려면 근본 원리를 알아야 하잖아요? 영어도 마찬가지입니다. 영어의 작동 원리를 알고 자연스러운 언어 습득의 방식을 적용하면 흥미가 저절로 솟아날 거예요.

마지막으로 당부하고 싶은 건 외국어를 익히는 자세입니다. 그건 '완벽하지 않아도 괜찮다'라는 마음을 갖는 거예요. 모국어도 아닌데 네이티브 스피커처럼 될 필요는 없죠. 영어는 세상을 넓게 살아가기 위한 소통의 도구라서 자신감을 갖는 것이 문제 하나 더 맞추는 것보다 훨씬 더 중요해요.

어느 정도의 실력을 갖추고 나면 '이 정도면 잘하지!'하고 스스로를 응원해 주세요. 수많은 영어 시험을 치루며 딱 하나의 정답에 익숙해진 탓에 많은 한국인들이 영어로 말할 때 문법에 맞는지부터 걱정해요. 하지만 언어는 생각보다 꼭 지켜야 할 규칙이 많지 않고 대충만 알아도 통할 수 있다는 점이 매력이지요. 그러니 용기 내어 소통하는 것이 가장 좋은 학습 방법입니다. 실수가 더 실력을 키워 주기 때문이죠.

교실 안 시험이 끝나면 교실 밖 진짜 영어를 만나는 시기가 반드시 옵니다. 편안한 마음으로 영어 실력을 쌓으면 앞날에 든든한 바탕이 되어 줄 겁니다. 여러분의 진짜 영어를 응원합니다!

영어를 통해 더 넓은 세상과 소통하세요

몇 년 전, 마치 중세에서 튀어나온 듯한 도시 에딘버러(Edinburgh)를 혼자 여행할 때의 일이었습니다. 작은 인도 식당에서 저녁을 먹으며 우연히 옆자리에 앉은 독일인 커플과 대화를 나누게 되었지요. 남자는 간호사, 여자는 지방 행정 공무원이었는데, 영국 여행 중 '독일인들이 우리를 폭격했지'라거나 '나는 독일인을 좋아하지 않는다'는 불편한 말을 대놓고 해서 괴로웠다고 하더군요.

저는 영국 왕실을 포함해 많은 영국인의 조상이 독일계라는 점을 언급하며 전쟁이 끝난 지 오래되었는데도 관광객에게 그런 말을 하다니, 참 속상했겠다며 공감해 주었습니다. 그들은 무척 반가워했고, 결국 우리는 어떻게 해야 진정한 세계 평화가 올 수 있을지에 대해 오래 이야기를 나눴습니다. 정확히 무엇을 먹었는지, 어떤 대화가 오갔는지는 희미하지만, 그 따뜻하고 진지했던 분위기는 여전히 기억에 남아 있습니다.

아마 그날부터였던 것 같습니다. 저는 주변 사람들에게 말을 걸기 시작했습니다. 본래 언어를 연구하는 사람, 특히 저 같은 사회언어학자는 주로 '듣는' 사람입니다. 스스로 '전문적으로 엿듣는 사람(professional eavesdropper)'을 자처하며, 타인의 언어를 객관적으로 연구하지요. 대화 속에서 '저 사람은 어느 지역의 사투리를 쓰는구나', '이 언어 요소가 변화하고 있구나'같은 분석을 하던 제가, 그즈음부터는 먼저 말을 거는 사람이 되었습니다.

줄을 설 때 앞뒤 사람과, 버스 옆자리 승객과, 택시 기사와, 식당 옆 테이블의 낯선 이와 이야기를 나누었습니다. 신기하게도 아무도 저를 이상하게 보지 않았고, 오히려 처음 보는 사람이라 더 편하게 이야기한다는 느낌도 들었습니다. 짧고 가벼운 대화라도 자주 하다 보니 세상을 더 넓게 사는 기분이 들더군요. 물론, 대화는 대부분 영어로 이루어졌습니다.

영어를 통해 세계인들과 소통한다는 것은 무한한 가능성의 문을 여는 일입니다. 혹시 자유로운 여행과 소통을 망설이고 계시진 않나요? 영어가 부족할까 불안해서일까요? 하지만 막상 마음먹고 소통해 보면 생각보다 어렵지 않다는 걸 알게 되실 겁니다. 한국인은 학교에서 오랫동안 영어를 배운 덕분에 기본적인 준비가 잘 되어 있습니다. 부족한 것은 실력이 아니라 자기 확신일 뿐이지요.

서툰 영어라도 자꾸 사용해 보면 점점 더 나은 경험을 하게 됩니다. 특히 비영어권 화자들과의 대화는 부담이 덜한데, 그건 서로 같은 입장에 있기 때문이죠. 영어가 어느 정도 가능해지면 차를 빌리거나, 현지 여행 카드를 구매해 혜택을 누리거나, 축제를 더 깊이 즐기고, 다른 여행자들과 함께 관광하거나 식사하는 등 훨씬 풍부한 경험이 가능합니다.

무엇보다 불안감이 줄고, 불필요한 불이익을 피할 수 있습니다. 영어 실력이 더 좋아지면 세계 곳곳에서 친구를 사귀는 기쁨도 누릴 수 있겠지요. 물론 외국에 나가지 않아도, 한국에서 만나는 외국인들과 교류하며 비슷한 즐거움을 경험할 수도 있고요.

외국인들과 소통을 하다 보면 늘 두 가지 생각이 들곤 합니다. 하나는 '이들은 이런 점에서 우리와 다르구나' 하는 차이점이고, 또 하나는 '결국 사람 사는 건 다 비슷하구나' 하는 공통점입니다. 처음엔 문화적 차이가 흥미롭지만, 대화를 나누다 보면 인간 삶의 본질이 크게 다르지 않다는 걸 깨닫게 됩니다. 그런 생각을 하다 보면, 어디서든 살아갈 수 있을 것 같은 자신감이 생기고, 눈앞의 걱정들도 한결 작아지더군요.

저는 영어가 골칫거리였던 분들에게, '나도 해볼 수 있겠다'는 자신감을 드리고 싶었습니다. 영어라는 언어의 다양한 면모를 알게 되면 흥미가 생기고, 흥미가 생기면 자연스레 실력도 향상되니까요.

이 책을 통해 영어를 객관적이고 과학적으로 접근하는 방식이 어떤 것인지 느끼셨으리라 믿습니다. 부디 달라진 시선으로 영어를 다시 만나, 더 넓은 소통의 세계에서 멋진 시간 누리시길 바랍니다!

어른을 위한 영어 수업

초판 1쇄 발행 2025년 4월 10일

지은이 채서영

주간 이동은
편집 김주현
마케팅 사공성 성스레 장기석
제작 박장혁 전우석

발행처 북커스
발행인 정의선
이사 전수현

출판등록 2018년 5월 16일 제406-2018-000054호
주소 서울시 종로구 평창30길 10
전화 02-394-5981~2(편집) 031-955-6980(마케팅)
팩스 031-955-6988

ISBN 979-11-90118-88-0 (03740)